ADOLPHE JOANNE

GÉOGRAPHIE

D'ILLE-ET-VILAINE

14 gravures et une carte

Joanne, Adolphe
Géographie d'Ille-et-Vilaine

HACHETTE ET CIE

GÉOGRAPHIE

DU DÉPARTEMENT

D'ILLE-ET-VILAINE

AVEC UNE CARTE COLORIÉE ET 14 GRAVURES

PAR

ADOLPHE JOANNE

AUTEUR DU DICTIONNAIRE GÉOGRAPHIQUE ET DE L'ITINÉRAIRE
GÉNÉRAL DE LA FRANCE

PARIS
LIBRAIRIE HACHETTE ET Cie
79, BOULEVARD SAINT-GERMAIN

1878

Droits de traduction et de reproduction réservés

TABLE DES MATIÈRES

DÉPARTEMENT D'ILLE-ET-VILAINE

I	1	Nom, formation, situation, limites, superficie.	1
II	2	Physionomie générale.	2
III	3	Cours d'eau.	5
IV	4	Climat.	14
V	5	Curiosités naturelles.	14
VI	6	Histoire.	15
VII	7	Personnages célèbres.	25
VIII	8	Population, langue, culte, instruction publique.	28
IX	9	Divisions administratives.	29
X	10	Agriculture.	33
XI	11	Industrie.	34
XII	12	Commerce, chemins de fer, routes.	38
XIII	13	Dictionnaire des communes.	39

LISTE DES GRAVURES

1	Redon.	7
2	Rennes.	19
3	Saint-Malo.	23
4	Tombeau de Chateaubriand, à Saint-Malo.	27
5	Château de la Prévalaye.	35
6	Château des Rochers, ancienne résidence de Mme de Sévigné.	41
7	Château de Combourg, d'après un dessin de M. Trilhe, architecte.	45
8	Fougères.	47
9	Porte Mordelaise, à Rennes.	50
10	Ancienne maison, à Rennes.	51
11	Chaire extérieure de Notre-Dame de Vitré.	53
12	Château de Vitré.	54
13	Une des anciennes portes de Vitré.	55
14	Tour et rempart, à Vitré.	57

Typographie Lahure, rue de Fleurus, 9, à Paris.

DÉPARTEMENT
D'ILLE-ET-VILAINE

I. — Nom, formation, situation, limites, superficie.

Le département d'Ille-et-Vilaine doit son *nom* à deux cours d'eau qui se réunissent devant Rennes, sa capitale : l'Ille, qui est une petite rivière, et la Vilaine, qui est un petit fleuve.

Il a été *formé*, après 1789, de la portion N.-E. de la **Bretagne**, province d'environ 3,400,000 hectares, l'une de celles qui constituaient alors la France.

Situé dans la région N.-O. de la France, c'est un de nos 23 départements maritimes, un de ceux qui bordent la Manche et qui sont au nombre de 9. Trois départements seulement, la Mayenne, la Sarthe, Loir-et-Cher, le séparent du Cher, qui est le centre de la France ; quatre le séparent de Paris, la Mayenne, la Sarthe, Eure-et-Loir, Seine-et-Oise ; et Rennes, son chef-lieu, est à 374 kilomètres à l'ouest-sud-ouest de Paris par le chemin de fer, à 300 seulement en ligne droite. Il est traversé à Rennes même, ou du moins dans la banlieue de cette ville, par le 4ᵉ degré de longitude ouest du méridien de Paris, et ce degré divise le département en deux parties à peu près égales. En latitude, il est coupé, à une dizaine de kilomètres au sud de Rennes, par le 48ᵉ degré : il est donc un peu plus rapproché du Pôle que de l'Équateur, séparés, comme on le sait, l'un de l'autre par 90 degrés ou par un quart de cercle.

Le département d'Ille-et-Vilaine est *borné* : au nord, par la mer qu'on nomme la Manche, par la baie du Mont-Saint-Michel, golfe très-curieux de cette mer, et par le département de la Manche; à l'est, par le département de la Mayenne; au sud, par celui de la Loire-Inférieure; à l'ouest, par ceux du Morbihan et des Côtes-du-Nord. Ces limites sont tantôt naturelles, tantôt artificielles ou tracées à travers champs par des lignes conventionnelles, des chemins, des sentiers. Les principales limites naturelles sont avant tout la mer, puis le cours inférieur du petit fleuve Couesnon, qui limite aussi le département de la Manche; le cours supérieur de la Seiche, qui sépare Ille-et-Vilaine du département de la Mayenne; le cours inférieur de la Chère, puis celui de la Vilaine à partir du confluent de la Chère jusqu'à celui de l'Oust, qui le limitent du côté du département de la Loire-Inférieure, sauf les quelques endroits où le territoire d'Ille-et-Vilaine empiète sur la rive gauche de ce petit fleuve; le cours de l'Oust, et (avec interruption) celui de son tributaire l'Aff, qui le séparent du département du Morbihan, etc.

La *superficie* est de 672,583 hectares. Sous ce rapport, c'est le 26e département de la France : en d'autres termes, 25 seulement sont plus étendus. Sa plus grande *longueur* du N.-N.-E. au S.-S.-O., de la Pointe de Grouin (qui termine à l'O. la rade de Cancale) au confluent de la Vilaine et de l'Oust, est de 120 kilomètres. Sa *largeur*, qui n'est guère que de 10 kilomètres vers Châteauneuf-de-Bretagne, et de 30 ou 32 au sud de Dol, est de plus de 60 sous le parallèle de Fougères, de 90 sous celui de Rennes, et de 92 ou 93 sous celui de Plélan-le-Grand (c'est la largeur maxima). Le *pourtour* est de 425 à 450 kilomètres, en ne tenant pas compte d'un grand nombre de sinuosités secondaires.

II. — Physionomie générale.

Le département d'Ille-et-Vilaine est l'un des moins accidentés de la France. Ce n'est pas qu'à défaut de montagnes les collines lui manquent; mais ces collines sont généralement d'une faible hauteur.

La principale se dresse bien loin du centre du département, dans l'arrondissement de Montfort-sur-Meu, au-dessus des sources de l'Aff, sur les frontières mêmes du Morbihan, au nord-ouest de Paimpont, dans la forêt de Paimpont (6,070 hectares), faible reste de l'immense forêt de Brocéliande, si célèbre dans les romans de la chevalerie par les aventures d'Arthur, de Ponthus, de Tristan, de Lancelot, de l'enchanteur Merlin et de la fée Viviane. Cette colline, nommée *Haute-Forêt*, a 255 mètres d'altitude au-dessus du niveau des mers. Elle dépasse presque quatre fois la hauteur de la flèche de Redon, un des monuments les plus élevés du département; mais elle est plus de dix-neuf fois inférieure à celle du Mont-Blanc (4,810 mètres), la plus haute montagne de la France, et même de l'Europe, non compris le Caucase, chaîne d'ailleurs plus asiatique qu'européenne.

La cime de Haute-Forêt a une rivale, également fort éloignée du centre du département, la *colline de la Chapelle-Janson*, dans l'arrondissement de Fougères, à l'est de cette ville, sur la frontière du département de la Mayenne. Située sur la ligne de faîte entre la Mayenne, rivière du bassin de la Loire, et le Couesnon, petit fleuve côtier qui prend ses sources dans ce massif, la colline de la Chapelle-Janson (248 mètres) ne le cède que de 7 mètres à celle de la forêt de Paimpont. Les petites chaînes dont elle est la cime culminante sont sillonnées de vallons étroits, tortueux, profonds, relativement pittoresques, et, grâce à elles, le pays de Fougères est le plus varié du département, comme celui de Saint-Malo en est le plus beau, grâce à la mer.

Parmi les villes du département, la plus haute est Louvigné-du-Désert, à 176 mètres; puis viennent Bécherel à 175 mètres, Plélan-le-Grand à 137 mètres, Fougères à 136 mètres, Saint-Brice-en-Coglès à 114 mètres, Saint-Aubin-du-Cormier à 111 mètres, Saint-Aubin-d'Aubigné à 110 mètres, Saint-Méen à 105 mètres; Rennes est à 40 mètres, Redon à 12.

Dans l'ensemble, le département d'Ille-et-Vilaine est assez varié dans sa partie orientale qui (sauf le massif de la forêt de Paimpont) est plus élevée que le centre et l'ouest, plus mouvementée, découpée en vallées plus profondes, plus pittoresques, et arrosée par un grand nombre de rivières et de ruisseaux. Dans le centre et dans l'ouest, le pays de collines fait place à un pays de plateaux souvent monotones, succession de plaines, de vallées peu accentuées, de rochers de granit, de talus schisteux, de coteaux bas, de prairies, de champs, d'étangs, de landes où restent encore debout de nombreux menhirs, dolmens et allées couvertes. Diverses forêts y sont les derniers débris des immenses forêts qui couvraient jadis la contrée, et qui ont peu à peu diminué à mesure que le nombre des familles augmentait sur ce territoire fertile en somme et devenu proportionnellement l'un des plus peuplés de toute la France, car treize départements seulement ont une population spécifique plus considérable : ce sont, par ordre décroissant, la Seine, le Nord, le Rhône, la Seine-Inférieure, la Loire, le Pas-de-Calais, les Bouches-du-Rhône, Seine-et-Oise, le Finistère, le territoire de Belfort, la Manche, la Somme et les Côtes-du-Nord.

La partie la plus basse, la plus unie et en même temps l'une des plus fécondes du département, est le **Marais de Dol**, ainsi nommé de la ville de Dol-de-Bretagne, ou du Mont-Dol, colline granitique haute de 65 mètres, isolée au milieu de terrains d'alluvions, comme le Mont-Saint-Michel est isolé, à marée basse, au milieu des grèves, à marée haute, au milieu des flots. Le Mont-Dol fut aussi un Mont-Saint-Michel, comme le Mont-Saint-Michel pourra devenir un Mont-Dol par l'endiguement, le dessèchement et la mise en culture de ses grèves. Le Marais de Dol, enlevé à l'action du flux et du reflux par une digue longue de 36 kilomètres, datant du douzième siècle, a une superficie de 15,000 hectares environ, que se partagent vingt-trois communes. Si le pays de Fougères est la « Suisse » d'Ille-et-Vilaine, le Marais de Dol en est la Hollande. » C'est en l'an 709 que la Manche envahit la plaine basse qui est devenue le Marais de Dol, et qui était auparavant la vaste forêt de Sciscy.

III. — Cours d'eau.

Le département d'Ille-et-Vilaine n'envoie ses eaux à aucun des grands fleuves de la France : la plus vaste partie de son territoire se draine dans la Vilaine qui est un fleuve tout à fait secondaire, un fleuve côtier, suivant l'expression usuelle, c'est-à-dire né près de la côte, et par conséquent de peu de longueur dans un bassin peu étendu.

L'arrondissement de Vitré, celui de Redon, ceux de Rennes et de Montfort presque entiers appartiennent à ce bassin de la Vilaine; celui de Fougères se divise entre les bassins du Couesnon, de la Vilaine et de la Sélune; celui de Saint-Malo, entre les bassins du Couesnon, de la Rance et du Guioult. En somme, le bassin de la Vilaine comprend à lui seul bien près de 500,000 hectares ou des trois quarts de tout le département.

La **Vilaine** ne doit point ce nom à la laideur de sa vallée ni à celle de ses eaux. Elle s'appelle ainsi par corruption. Nos ancêtres la nommaient *Visnaine*. Ce cours d'eau, dont on estime la longueur à 220 kilomètres, est, pour l'étendue du bassin, le second de nos fleuves côtiers, après l'Adour, avant la Charente. On peut évaluer à près de 1,100,000 hectares l'aire des terres qu'il draine. La Vilaine n'a point sa source dans le département qui lui doit la moitié de son nom, mais ce n'est encore qu'un ruisseau quand, du territoire de la Mayenne, où elle commence au milieu de collines de 207 mètres d'altitude (près de Juvigné), elle passe sur le territoire d'Ille-et-Vilaine. Elle y coule vers le sud-ouest jusqu'au delà de Vitré, puis vers l'ouest (en décrivant de grands détours) jusqu'à Rennes par Châteaubourg, Bressé, Acigné et Cesson. Née, avons-nous dit, à une altitude de plus de 200 mètres, elle descend par une pente rapide, car son altitude n'est plus que de 65 mètres à Vitré, et de 25 mètres à peine devant la vieille capitale de la Bretagne, où elle reçoit la rivière qui donne au département la première partie de son nom.

A 4 ou 3 kilomètres en aval de Rennes, au confluent de la Flume, la Vilaine tourne brusquement au sud, de manière à former presque un angle droit avec sa direction première. Vers le confluent du Meu, elle n'est plus qu'à 18 mètres au-dessus des mers. Au-dessous de Pont-Réan, au confluent de la Seiche, sa vallée devient une espèce de défilé sinueux entre des talus à pic, des roches, des collines boisées; sur ce point de son cours, la Vilaine est une fort jolie rivière, notamment aux environs de Bourg-des-Comptes, village qui jouit d'une célébrité méritée dans le pays pour l'agrément, la grâce, la fraîcheur de ses paysages.

Agrandie à partir de Rennes par le tribut de nombreuses rivières, ou, si l'on veut, de grands ruisseaux dont les plus abondants sont le Meu, la Seiche et le Semnon, elle change de direction au confluent de la Chère, et, inclinant au sud-ouest jusqu'à la mer, sépare le département d'Ille-et-Vilaine du département de la Loire-Inférieure. Dans cette partie de son cours, elle coule à pleins bords, au sein de prairies très-basses, qu'elle inonde au loin à la moindre crue; elle y forme la mer ou *lac de Murin*, marais plutôt que lac d'où l'on tire, au printemps, des herbes aquatiques servant d'engrais pour les champs. Mais cette nappe d'eau, située au confluent du Don, est en entier sur le territoire de la Loire-Inférieure. En aval de Redon, dans la banlieue même de cette ville, à l'embouchure de l'Oust, son principal tributaire, elle quitte le territoire d'Ille-et-Vilaine pour entrer sur celui du Morbihan.

C'est dans ce dernier département que le plus grand des fleuves bretons, la Loire exceptée, entre dans l'océan Atlantique, à 16 kilomètres en aval de la Roche-Bernard, où il passe sous un des ponts suspendus les plus hauts de France. Son embouchure, entre la Pointe de Penlan au nord et la pointe du Halguen au sud, a 2 kilomètres de largeur. Les navires calant 2 mètres 40 centimètres remontent la Vilaine jusqu'à Redon, et même les navires de 4 mètres dans les hautes marées. Au-dessus de Redon, jusqu'à Cesson (6 kilomètres en amont de Rennes), terme de la navigation, elle ne porte que des bateaux de

Redon.

70 tonnes au plus. La Vilaine a une assez grande importance commerciale, car le canal d'Ille-et-Rance, qui dessert le port de mer de Saint-Malo, y débouche à Rennes, tandis que celui de Nantes à Brest, qui relie ces deux grands ports, la traverse à Redon. Sa partie navigable, de Cesson à l'Atlantique, est de 144 kilomètres, son cours total de 220 kilomètres, dans un bassin qu'on peut, avons-nous dit, évaluer approximativement à près de 1,100,000 hectares. Les documents nous manquent sur son débit, c'est-à-dire sur le nombre de mètres cubes d'eau qu'elle roule par seconde. Nous ne connaissons ni son *module*, autrement dit son débit moyen calculé sur toute l'année ; ni la portée de ses grandes crues ; ni son *étiage*, c'est-à-dire son débit minimum pendant l'été, à la suite des sécheresses prolongées.

La Vilaine reçoit dans le département, de l'amont à l'aval, la Vilaine méridionale, la Calanche, le Chevré, l'Ille, la Flume, le Meu, la Seiche, le Canut, le Samnon, la Chère, le Canut de Pipriac et l'Oust ou Oult.

La *Vilaine méridionale*, qu'on pourrait aussi nommer petite Vilaine, par opposition à la grande Vilaine ou Vilaine septentrionale, est un affluent de gauche qui a son embouchure à 5 kilomètres au-dessous de Vitré. Comme l'autre Vilaine, elle a ses sources dans le département de la Mayenne ; elle passe près du château des Rochers (*V.* page 41), célèbre par le séjour de la marquise de Sévigné, et reçoit la *rivière d'Argentré*. Son cours n'atteint pas 30 kilomètres.

La *Calanche*, tributaire de droite, appelée aussi *Cantache*, a 35 kilomètres de développement. Née sur le territoire de la Mayenne, elle forme le vaste *étang de Châtillon-en-Vendelais* (113 hectares), reçoit la *Pérouse* et tombe dans la Vilaine entre Vitré et Châteaubourg.

Le *Chevré*, tributaire de droite, long d'une quarantaine de kilomètres, se forme dans le massif de collines qui domine à l'ouest l'étang de Châtillon-en-Vendelais ; il se grossit de la *Veuvre*, laisse à 3 kilomètres à droite Liffré, chef-lieu de canton, et se déverse dans la Vilaine un peu en aval d'Acigné.

L'*Ille*, bien que contribuant à donner la moitié de son nom au département, est une petite rivière sans importance, qui n'a même pas 45 kilomètres de longueur. Généralement confondue avec le canal d'Ille-et-Rance, elle sort du vaste *étang de Boulet*, réservoir de 5,440,000 mètres cubes qui contribue notablement à l'alimentation de ce canal; elle coule vers le sud, dans un étroit vallon, sans arroser aucun bourg de quelque importance, et reçoit, à gauche, l'*Illet* (32 kilomètres), descendu des collines de Saint-Aubin-du-Cormier.

La *Flume* (32 kilomètres) est un affluent de droite qui a son origine dans le massif de Bécherel et d'Hédé et son embouchure à 5 kilomètres en aval de Rennes, après un cours sensiblement parallèle à celui de l'Ille. Elle laisse Pacé à une faible distance de sa rive gauche.

Le *Meu*, rivière longue de 75 à 80 kilomètres, tributaire de droite, vient du département des Côtes-du-Nord; il naît dans les collines du Mené, d'où descend également la Rance, collines hautes sur ce point de près de 300 mètres. Faible encore quand il entre dans Ille-et-Vilaine, après avoir traversé la vaste forêt de la Hardouinais, il y baigne Gaël, Iffendic, Montfort (dont le nom officiel complet est Montfort-sur-Meu), Mordelles. Son cours est en moyenne dirigé vers l'est-sud-est. Il porte des bateaux, mais seulement sur 3,350 mètres à partir de la Vilaine. Il reçoit le *Comper*, le *Garun*, la *Chèze* : le Garun, long de 30 kilomètres, commence dans les environs de Saint-Méen, passe près de Montauban-de-Bretagne et se perd à Montfort.

La *Seiche*, affluent de gauche, dont l'embouchure est à 5 kilomètres en aval de celle du Meu, sépare pendant une quinzaine de kilomètres à partir de sa source l'Ille-et-Vilaine du département de la Mayenne. Son cours sinueux est de 85 kilomètres. Elle passe à 3 kilomètres au nord de la Guerche-de-Bretagne, remplit l'*étang de Carcraon*, long d'environ 4 kilomètres, puis l'*étang de Marcillé-Robert*, formé de trois branches : l'une dans le vallon de la Seiche, l'autre dans le vallon de l'*Ardenne*, tributaire de la Seiche, le troisième au-dessous de la réunion du sous-étang de Seiche et du sous-étang d'Ardenne.

La Seiche laisse ensuite à gauche Essé, commune qui possède la Roche-aux-Fées, grand monument mégalithique, l'une des plus belles allées couvertes de la France, reçoit le *ruisseau de Piré*, l'*Yyaigne* ou ruisseau de Châteaugiron, l'*Ize*, venue des collines de Janzé, et tombe dans la Vilaine à 3 kilomètres au sud-ouest de Bruz, un peu en aval du point où la coupe le chemin de fer de Rennes à Redon.

Le *Canut*, affluent de droite, long de 40 kilomètres, sort d'un étang au sud-est de Plélan-le-Grand : il traverse des étangs, passe à 2,500 mètres au sud de Guichen et gagne la Vilaine dans le charmant bassin de Bourg-des-Comptes.

La *Samnon* ou *Semnon*, tributaire de gauche, commence entre Pouancé (Maine-et-Loire) et Saint-Aignan-sur-Roë (Mayenne) sous le nom de *Sémelon*, et il passe d'abord à Senonnes : Sémelon, Senonnes, Samnon, Semnon sont évidemment un seul et même mot. Entré dans Ille-et-Vilaine, il reçoit le déversoir de l'étang de Roches, qui se trouve à la lisière méridionale de la forêt de la Guerche ; il forme l'*étang de Martigné-Ferchaud*, long d'environ 4 kilomètres, passe près d'Ercée-en-Lamée, entre Bain-de-Bretagne et le Sel, et se perd dans la Vilaine à Pléchâtel, un de ces noms, très-communs encore dans le département d'Ille-et-Vilaine, qui rappellent que la langue de ce pays était autrefois le breton, idiome celtique, et non le français, idiome latin. Son principal affluent, le *Bruez*, qui baigne Rougé, n'appartient à l'Ille-et-Vilaine que sur quelques kilomètres (au-dessus de Soulvache), par la rive gauche, comme frontière avec le département de la Loire-Inférieure. Le cours du Samnon, qu'on appelle aussi *Bruc*, est de 60 à 65 kilomètres.

La *Chère*, affluent de gauche, a son cours de près de 60 kilomètres dans le département de la Loire-Inférieure, où elle arrose Châteaubriant, chef-lieu d'arrondissement. Elle ne fait que séparer, pendant une dizaine de kilomètres, l'Ille-et-Vilaine, qui possède sa rive droite, de la Loire-Inférieure, qui possède sa rive gauche : elle reçoit l'*Aron*, venue des hauteurs d'Ercée-en-Lamée, et le *ruisseau de Fougeray*. Navigable pour les bateaux de petit tonnage pendant 5 kilomètres, elle atteint la

Vilaine en face des collines de Langon, célèbres dans le pays par leurs menhirs de quartz blanc appelés « demoiselles de Langon ».

Le *Canut de Renac*, tributaire de droite, qui n'a que 30 kilomètres de longueur, passe devant Pipriac, forme l'étang de Saint-Just, celui de Renac, et gagne la Vilaine par les marais de Gannedel.

L'**Oust**, ou plus exactement l'**Oult**, est une rivière considérable, le principal tributaire de la Vilaine (rive droite), qui la reçoit dans la banlieue de Redon. Elle est navigable soit directement, soit par le canal de Nantes à Brest. Mais, sur un cours de 150 kilomètres, dix ou douze seulement appartiennent au département d'Ille-et-Vilaine, et encore n'est-ce que par la rive gauche, comme frontière avec le département du Morbihan. De même l'*Aff*, son affluent, ne dépend guère du territoire d'Ille-et-Vilaine que par sa rive gauche, et comme limite avec ce même département du Morbihan. Toutefois il a sa source dans Ille-et-Vilaine, dans la forêt de Paimpont. Un de ses tributaires, le *Combs*, passe à 3 kilomètres de Maure-de-Bretagne.

Le *Couesnon* commence sur la frontière du département de la Mayenne, dans le massif de collines de la Chapelle-Janson, dont l'altitude est de 248 mètres. Il passe à 1,500 mètres au sud de Fougères, et, doublé par le Nançon, qui vient de cette ville, incline vers l'ouest-sud-ouest, comme pour aller se jeter dans la Vilaine à Rennes ; mais vers Saint-Jean, à 4 kilomètres de Saint-Aubin-du-Cormier, par 51 mètres d'altitude, il tourne au nord-ouest, puis franchement au nord, direction qu'il garde jusqu'à la mer. A Antrain, il devient navigable, ou plutôt il est censé tel à partir de cette ville, mais en réalité il porte peu ou point de bateaux, « par suite du danger pour les navires de s'aventurer sur les grèves mobiles de l'embouchure. » Dans la dernière partie de son cours, il sépare Ille-et-Vilaine (rive gauche) du département de la Manche (rive droite). C'est au-dessous de Pontorson, ville de la Manche, qu'il entre dans un des petits golfes qui découpent la fameuse baie du Mont-Saint-Michel, après un cours d'environ 80 kilomètres. Parmi ses affluents on nomme le *Nançon* ou *Nanson*, qui longe la forêt de Fougères et baigne le joli vallon de cette ville ; la *Minette*, qui a son embouchure en aval de Vieuxvy ; l'*Oisance* ou la *Loisance*, longue de 30 kilomètres, et qui arrose Saint-Brice-en-Coglès et Antrain ; le *Tronçon*, qui sert en partie de limite avec le département de la Manche ; la *Guerge*, qui n'a que son cours supérieur dans Ille-et-Vilaine, le reste appartenant à la Manche. Ces cinq rivières, ou pour mieux dire ces cinq ruisseaux, sont des tributaires de droite.

Le *Guioult*, ruisseau insignifiant, passe à Dol, au pied du Mont-Dol, et tombe dans la baie de Saint-Michel au Vivier, après avoir traversé la plaine de Dol. Cours, 32 kilomètres.

De l'embouchure du Couesnon à celle du Guioult, la rive de la mer est basse et se prolonge par les grèves immenses, tour à tour couvertes et découvertes, que domine le rocher grandiose du Mont-Saint-Michel. De l'embouchure du Guioult à la Pointe de Château-Richeux, le rivage reste plat ; mais à cette Pointe commence la fameuse côte de Bretagne, l'une des plus déchiquetées, des plus sauvages, des plus sombres, des plus orageuses du monde entier. De ce cap à l'estuaire de la Rance, on remarque surtout Cancale, célèbre par ses huîtres ; la Pointe du Grouin, qui termine à l'ouest la baie de Saint-Michel ; le fort Du Guesclin, qui date du milieu du siècle dernier ; le havre de Roteneuf ; le fort de la Varde.

La **Rance**, dont le cours dépasse un peu 100 kilomètres, appartient presque entièrement au département des Côtes-du-Nord, où elle naît dans le massif culminant des monts du Mené, hauts de 340 mètres. Elle coule d'abord au sud-est, comme pour gagner le Meu, et par conséquent la Vilaine ; mais elle tourne ensuite à l'est, puis au nord-est, enfin au nord, et passe sous le beau viaduc de Dinan. Un peu en aval de ce chef-lieu d'arrondissement, elle s'élargit, et se transforme bientôt en un vaste estuaire navigable pour les grands vaisseaux dans sa partie inférieure, et jusqu'à Dinan (en haute marée seulement) pour les navires calant 3 mètres 30 centimètres. Cet estuaire, qui ressemble à une suite de lacs séparés par des défilés, a 800 à 2,500 mètres de largeur; ses rivages, surtout ceux de la rive gauche, sont renommés; et de nombreux promontoires y abritent de charmants petits golfes.

Un certain nombre de ruisseaux du département d'Ille-et-Vilaine se dirigent vers la Rance. Le principal est le *Linon* (32 kilomètres), qui traverse l'*étang de Combourg*, prête son vallon sinueux au canal d'Ille-et-Rance et baigne Évran. C'est un affluent de droite. On peut aussi noter le ruisseau de la *mare de Saint-Coulban*, qui passe à une petite distance au sud de Châteauneuf-de-Bretagne. Il a été plus d'une fois question de dessécher ce marais, exploité aujourd'hui comme tourbière, et qui doit son existence au même cataclysme que le Marais de Dol. Vauban en avait conçu le projet : on y gagnerait environ 900 hectares de bonnes terres.

A l'ouest de l'embouchure de la Rance, que gardent Saint-Servan et sa voisine Saint-Malo, le littoral n'est pas moins déchiqueté qu'à l'est, et les terribles écueils dont la mer est parsemée le rendent très-dangereux pendant les mauvais temps. On y remarque les falaises de Saint-Énogat, la Pointe du Décollé, le cap de la Garde-Guérin, et enfin la baie de Frémur : là se perd le *Frémur*, tout petit fleuve dont le cours inférieur sépare le territoire d'Ille-et-Vilaine (à droite) de celui des Côtes-du-Nord (à gauche).

La baie du Mont-Saint-Michel ne reçoit pas seulement le Couesnon, elle reçoit aussi la Sée et la **Sélune**. Cette dernière, joli cours d'eau d'environ 70 kilomètres de longueur, ne touche point le département, mais elle en reçoit l'Airon et le Beuvron. L'*Airon* est formé de la *Futaie*, venue du département de la Mayenne, et de la *Glaine* : il se réunit à la Sélune à Saint-Hilaire-du-Harcouët (Manche). Le *Beuvron* passe dans le département de la Manche au-dessous du confluent du ruisseau de Saint-Georges-de-Reintembault.

IV. — Climat.

Le climat du département d'Ille-et-Vilaine est essentiellement tempéré, pour trois causes principales : la latitude, qui est presque intermédiaire entre le Pôle et l'Équateur ; le voisinage de la mer, qui dans tout pays a le privilége d'adoucir, d'égaliser la température ; enfin le peu d'altitude du territoire, dont le point le plus haut n'a que 255 mètres : or, comme on le sait, moins un lieu est élevé au-dessus des mers, plus le climat en est doux et constant.

Par sa situation dans la presqu'île bretonne ou armoricaine, sous l'influence de deux mers, la Manche au nord, l'Océan au sud-ouest, l'Ille-et-Vilaine jouit même d'un climat beaucoup plus doux que ne devrait le faire espérer sa latitude de 48 degrés. C'est un climat essentiellement maritime, et par conséquent modéré, par opposition aux climats continentaux, qui, faute de vents de la mer, faute de pluies, sont froids, brusques, changeants.

On divise généralement la France en sept climats ; et de ces sept climats, celui qui règne sur l'Ille-et-Vilaine est le climat *armoricain*.

Si toute l'eau tombée du ciel pendant l'année restait sur le sol sans être absorbée par la terre ou vaporisée par le soleil, on recueillerait en moyenne, à Dinan, dans les douze mois, une nappe d'eau de 80 centimètres de profondeur.

V. — Curiosités naturelles.

Les grandes curiosités naturelles manquent à l'Ille-et-Vilaine, car ce département n'a ni montagnes, ni grands lacs, ni grandes rivières. On n'y trouve par conséquent ni glaciers, ni cascades, ni cirques de rochers, ni grandes sources, ni gouffres, ni panoramas grandioses.

Mais les bords de la mer y sont admirables, de la Pointe de Château-Richeux à la baie de Frémur, et les sites gracieux abondent dans les vallées, les sites austères sur les plateaux et les landes.

VI. — Histoire.

Le département d'Ille-et-Vilaine n'a pas été constitué d'une manière homogène; il se divise en deux régions distinctes ayant chacune leur centre : la région continentale dont le centre est *Rennes ;* la région maritime, qui a pour chef-lieu *Saint-Malo.* Il tient ainsi à deux versants opposés, à celui de l'Atlantique et à celui de la Manche, mais il ne tient pas aux deux mers, car le département de la Loire-Inférieure et du Morbihan lui ferment l'Atlantique. L'histoire de ce département, allongé et assez étroit dans la partie qui touche à la Manche, ne saurait donc présenter le caractère d'unité qu'on retrouve dans d'autres départements, quoique cette unité ne lui fasse pas absolument défaut. Rennes et Saint-Malo, sont après tout deux villes bretonnes, et le département d'Ille-et-Vilaine a été taillé tout entier dans l'ancienne province de Bretagne, dont il garde la physionomie tout en la rattachant à la patrie française.

Dans les temps anciens, le pays de Rennes était le pays des *Redones,* dont le nom s'est conservé même, sans altération, dans celui de la ville de *Redon,* qui est en réalité le port de Rennes. *Saint-Malo* n'existait pas : la ville la plus ancienne de ce pays est celle d'*Aleth,* bâtie sur le point le plus élevé de Saint-Servan, au lieu qu'on appelle encore aujourd'hui la Cité. *Fougères, Vitré, Montfort* doivent leur origine à des châteaux du moyen âge.

Sous la domination romaine, Rennes, dont le nom primitif est *Condate* (confluent), devint, grâce à sa situation au confluent de la Vilaine et de l'Ille, un des principaux centres autour desquels rayonnaient les voies romaines.

Une pierre, enclavée aujourd'hui dans la porte Mordelaise, atteste par une inscription que, en l'année 239 après Jésus-Christ, cette ville avait des consuls qui adressaient des hommages à l'empereur Gordien. D'ailleurs, le Musée organisé par les soins de la Société archéologique de Rennes, et dont le catalogue a été savamment dressé par M. André, témoigne de l'importance des monuments antiques que possédait Rennes, devenue, comme tant d'autres cités, un actif foyer de la civilisation romaine.

Dans les derniers temps de l'Empire, une colonie de soldats francs fut établie à Rennes, où on les voit désignés sous le nom de Francs-lètes (ou *lites*, classe inférieure chez les barbares, intermédiaire entre les hommes libres et les esclaves). De cette colonie, qui eut une certaine importance, résulta un mélange des races, et on attribue à ce fait la tendance naturelle des habitants de Rennes vers la France. Cette ville fut le lien qui rattacha à notre pays la péninsule armoricaine, toujours disposée à s'isoler et à vivre de sa vie propre, maritime sur les côtes, sauvage sur le plateau du centre.

Le christianisme fut prêché sur les bords de la Vilaine et de l'Ille par des missionnaires qu'y envoya saint Gatien, métropolitain de Tours, et le siége épiscopal de Rennes remonte au cinquième siècle, quoique les partisans des documents légendaires lui attribuent une origine antérieure. Febediolus est le premier évêque dont un monument historique fasse connaître le nom (439). Il eut pour premiers successeurs Athenicus, saint Amand et saint Melaine.

Les Francs, on le sait, n'étaient point venus en assez grand nombre pour occuper la Gaule entière, et, malgré la colonie d'hommes de leur race qu'ils rencontraient à Rennes, il leur fallut de longues années de guerre pour établir leur autorité, et d'une façon bien précaire, sur la péninsule bretonne. Le chef des Bretons, *Conobre* ou *Conao*, soutint les révoltes de Chramne, fils de Clotaire, et fut défait et tué dans une bataille livrée près de l'antique cité gauloise d'*Aleth* (560). Rennes devint tributaire des rois francs, qui eurent encore, sous Chilpéric et ses successeurs, à lutter longtemps pour pénétrer dans les profondeurs de la Bretagne, couvertes d'épaisses forêts. Charlemagne dut faire la conquête de ce pays, dont les révoltes nécessitèrent encore une expédition de Louis le Débonnaire (824).

Une des premières, la Bretagne se détacha de l'empire des Francs, et le faible Charles le Chauve n'était point capable de la retenir : il fut vaincu à la bataille de *Balby*, au lieu dit la Chaussée de la Bataille, commune de Bains, entre la Vilaine et l'Oust (22 nov. 845), et le chef des Bretons, Noménoé, put dès lors se regarder comme indépendant. Si Noménoé sut se défendre contre les Francs, il ne put résister aux Normands dont il acheta la retraite à prix d'argent. Noménoé voulait fonder un État breton, et, rompant tout lien avec la terre des Francs, constituer une Église bretonne. Il érigea le siége épiscopal de *Dol* en archevêché, mais l'évêque de Rennes protesta, et alors commença entre les deux siéges épiscopaux une longue rivalité, qui dura jusqu'en 1199 et à la suite de laquelle l'Église de Dol finit par succomber.

Les ducs bretons, Noménoé, Érispoé et leurs successeurs, furent en guerres perpétuelles contre leurs voisins, surtout contre la Normandie, ce qui n'empêcha pas une foule de Bretons de répondre à l'appel de Guillaume de Normandie et de le suivre à la conquête de l'Angleterre. Mais les ducs de Normandie, devenus rois d'Angleterre, désirèrent plus que jamais posséder la Bretagne, surtout lorsque la Maison d'Anjou recueillit l'héritage de ces rois. Car, dans leur pensée, la Bretagne devait réunir l'Anjou à la Normandie et assurer ainsi la continuité des possessions anglaises en France. Henri II Plantagenet maria un de ses fils, Geoffroy, à l'héritière de la Bretagne, et l'imposa aux Bretons par le fer et par le feu. Geoffroy fut couronné à Rennes, en 1169, car chaque duc venait chercher dans cette ville la consécration de son pouvoir : l'entrée solennelle se faisait, avec un cérémonial compliqué, par la porte Mordelaise, et cette porte servait aussi à l'entrée solennelle des évêques.

Sous le comte Geoffroy, on signale la première convocation des États du duché, assemblés à Rennes, et la publication d'une sorte de Code appelé l'*assise* du comte Geoffroy. Cette *assise*, rédigée en vieux français (1185), est un des monuments les plus anciens de ce genre et montre que, à la fin du douzième siècle, l'idiome français commençait à prendre la place du pur breton. Le français était alors la langue officielle de l'Angleterre et revenait ainsi, en France, imposé aux Bretons par les princes anglais.

Geoffroy mourut jeune dans un tournoi, et son fils Arthur périt assassiné lâchement par son oncle le cruel Jean Sans-Terre (1203). Philippe Auguste profita de ce crime du roi anglais pour confisquer ses possessions, et il fut amené ainsi à régler le sort du duché de Bretagne en le rattachant à la Maison de France. Il fit épouser Alix, héritière de Bretagne, à Pierre de Dreux, dit *Mauclerc*, petit-fils de Louis le Gros. Pierre Mauclerc ne fut cependant qu'un vassal indocile qui se mit à la tête des ligues des seigneurs sous la régence de Blanche de Castille. C'est à lui qu'on attribue la fondation de la ville de Saint-Aubin-du-Cormier, à six lieues de Rennes, sur la route de Fougères.

La guerre qu'amena la succession de Bretagne, disputée par Jean de Montfort et Charles de Blois, est un des principaux épisodes de la guerre de Cent-Ans.

Chaque prétendant avait son parti appuyé par une des deux nations rivales, et la Bretagne fut le théâtre de combats nombreux et acharnés (1341-1365). Rennes et Saint-Malo tenaient pour le parti français. Saint-Malo commençait à grandir; formée par le déplacement graduel des habitants d'Aleth, cette ville avait pris le nom d'un monastère qu'avait fondé, dans l'île d'Aaron, l'évêque saint Malo. Le siége épiscopal avait été transporté, en 1140, dans cette cité admirablement située pour devenir une importante place maritime. De bonne heure les Malouins, corsaires et marchands, méritèrent le nom de *Troupes légères de la mer*, qu'on leur voit attribué à l'époque des Croisades. Ils avaient déjà de fréquents rapports, grâce à leurs navires, avec l'Espagne, et ces rapports continués donnent lieu à une particularité digne de remarque : beaucoup de Bretons comptent encore par écus et par réaux, monnaies espagnoles. Saint-Malo par ses flottes, Rennes par ses troupes

Rennes.

soutinrent avec énergie la cause de Charles de Blois. Les deux villes eurent à se défendre contre les Anglais qui vinrent les assiéger. Le siége de la ville de Rennes par le duc de Lancastre (1356-1357) est un des drames les plus intéressants de la guerre de la Succession et fit retentir au loin le nom de Bertrand Du Guesclin. Du Guesclin vint au secours de Rennes, et, par ses vues intelligentes autant que par sa rare bravoure, força ses ennemis mêmes à l'admirer. Il s'était déjà signalé par la prise du château du *Fougeray*, et préludait ainsi par ses exploits de Bretagne à ceux qui devaient délivrer la France entière. La ville de Saint-Malo soutint également un siége remarquable en 1376, et le duc de Lancastre, après avoir fait rage de toute son artillerie contre la place, fut obligé de se retirer. Saint-Malo courut constamment les plus grands dangers dans la seconde période de la guerre de Cent-Ans. Ses habitants eurent sans cesse à repousser les attaques des Anglais, et c'est grâce à leur flotte que le Mont-Saint-Michel, en 1423, put être délivré.

Cette guerre de Cent-Ans, d'où la nationalité française sortit vigoureuse et trempée comme par le feu, eut quelques résultats particuliers pour la Bretagne. Elle rapprocha cette province de la France par les services que lui avaient rendus ses éminents guerriers qui firent la force et l'orgueil des nôtres. Elle valut aussi à la Bretagne une émigration nombreuse des Normands, qui, pour se soustraire au joug des Anglais, vinrent s'établir dans ses villes, à Rennes notamment, et y importèrent leur industrie des draps, déjà renommée. Ce fut précisément le territoire du département d'Ille-et-Vilaine, voisin de la Normandie, qui profita de cette émigration, et la vie industrielle s'y éveilla dès cette époque.

Nous ne pouvons résumer ici l'histoire de la Bretagne, qui est une partie de l'histoire de France. Nous rappellerons seulement que la Bretagne, après avoir, avec son dernier duc François II, fait plusieurs tentatives, sous Louis XI et sous Charles VIII, pour assurer son indépendance, ne tarda pas à devenir partie intégrante du Royaume. Ce ne fut pas seulement le duc d'Orléans (devenu plus tard Louis XII) qui perdit la bataille de *Saint-Aubin-du-Cormier*, en 1488 ; ce fut surtout la Bretagne, et cette bataille mérite d'être remarquée, parce que, en réalité, c'est la dernière bataille sérieuse livrée par la Bretagne contre la France. Encore les contemporains l'ont-ils appelée la guerre Folle. En vain Anne de Bretagne, mariée d'abord à Charles VIII (1491), puis à Louis XII (1499), essaya de maintenir à son duché le rang d'État ; la Bretagne fut décidément réunie à la France, et cette réunion fut solennellement proclamée en 1532.

Rennes n'est plus, à partir de ce moment, une capitale, mais elle en garde les apparences, les priviléges, la fierté. Le Parlement de la province y fut fixé en 1560 ; les États s'y réunissaient d'ordinaire. Son histoire ne fut plus que celle de la lutte des États et du Parlement contre la monarchie. A chaque période critique, pendant les guerres de la Ligue, pendant la minorité de Louis XIII, la Bretagne essaya de ressaisir quelque parcelle de son autonomie perdue. Henri IV n'entra à Rennes qu'en 1598, lorsqu'il était déjà depuis quatre ans maître de Paris. Même sous le règne de Louis XIV, des essais de révolte amenèrent de sanglantes répressions, et Madame de Sévigné, dont le château des Rochers, dans le voisinage de Vitré, est un des monuments historiques du département, a dépeint, avec esprit et émotion, les *pendaisons* qui suivirent ces tentatives probablement plus ridicules que coupables. La conspiration de Pontcallec, pendant la minorité de Louis XV, fut plus grave, car elle coïncidait avec la conspiration de Cellamare. Cette conspiration coûta cher à la noblesse bretonne, qui vit plusieurs de ses seigneurs porter leur tête sur l'échafaud. Rennes, à la même époque, fut presque détruite par un incendie terrible (1720), qui dura sept jours, mais la ville fut reconstruite sur un plan régulier auquel elle doit aujourd'hui un certain air de grandeur qui convient à cette ville où les magistrats du siècle dernier ont laissé de profonds souvenirs. Ce sont ces magistrats qui, ne l'oublions pas, ont, par leur lutte opiniâtre contre l'ancienne monarchie, préparé, hâté le mouvement de la Révolution de 1789. Dans les rues de Rennes, le 27 janvier 1789, se livra un combat qui fut en réalité le prélude des luttes de la Révolution et dans lequel Moreau, prévôt de l'École de droit, qui devait être plus tard le général Moreau vainqueur de Hohenlinden, joua un rôle qui le mit en évidence. Rennes embrassa avec ardeur la cause de la Révolution, et cette ville devint le centre des opérations de l'armée républicaine contre les Vendéens. Comme contraste, les villes de Fougères et de Vitré défendirent avec énergie les anciennes traditions; le pays qui entoure ces villes devint même la terre classique de cette guerre de partisans, si redoutable aux armées républicaines, la *chouannerie*.

Bien que le centre du département d'Ille-et-Vilaine n'ait point perdu, comme on le voit, son importance après la réunion de la Bretagne à la Couronne, le premier rôle, en réalité, dans les temps modernes, appartient aux habitants de Saint-Malo. Insulaires et Bretons, marchands et corsaires, les Malouins ont, aux seizième et dix-septième siècles, une histoire tout à fait spéciale. De 1590 à 1594, pendant les guerres de la Ligue, ils réussirent même à se constituer en république indépendante. Leur domaine, c'est la mer; leur but, les découvertes; le commerce, la pêche. En 1504, ils découvrirent le grand banc de Terre-Neuve; en 1534, avec *Jacques Cartier*, ils découvrirent le Canada. Pendant les guerres maritimes, ils étaient une puissance avec laquelle il fallait compter. En 1609, ils forcèrent l'entrée de Tunis et incendièrent trente-quatre bâtiments. En 1622, ils équipèrent contre la Rochelle une flotte commandée par *Porée du Parc*. En 1665, un Malouin, *Porcon de la Barbinais*, prisonnier du dey d'Alger, donna un rare exemple de patriotisme et mérita le titre de Régulus français. En 1693, Saint-Malo repoussa les attaques d'une flotte anglaise et, malgré le mal que lui avait fait éprouver une redoutable machine infernale, força les ennemis à se retirer. La ville fut de nouveau bombardée en 1695, mais un de ses fils la vengea dignement : ce fut *Duguay-Trouin*, qui, en 1711, conduisit, avec un merveilleux talent et un succès complet, une expédition contre

Saint-Malo.

la capitale de la colonie portugaise du Brésil, *Rio-Janeiro*.

Saint-Malo devint le comptoir principal du commerce du Sud, le siége de la Compagnie française des Indes. « Tout y était négociant ou corsaire, dit Duclos dans ses Mémoires, et souvent l'un et l'autre. Au milieu des malheurs publics, les armateurs malouins voyaient leurs entreprises réussir sur toutes les mers. Jamais Saint-Malo ne fut dans un état plus brillant. » Les habitants étaient assez riches pour faire des prêts au roi : en 1709, de trente millions, en 1718, de vingt-deux millions.

Pendant les guerres du dix-huitième siècle, Saint-Malo, qui excitait toujours la jalousie de l'Angleterre, eut un nouveau siége à soutenir en 1758. Les Anglais débarquèrent et attaquèrent la ville du côté de la terre, mais ils furent obligés de se retirer ; et les Malouins se vengèrent bientôt du mal qu'ils avaient essuyé, en prenant part à la glorieuse victoire de Saint-Cast. Pendant la guerre de l'indépendance américaine, les Malouins armèrent soixante-douze navires comme corsaires ou comme auxiliaires.

A l'exemple de Rennes, Saint-Malo embrassa le parti de la Révolution, et l'armée vendéenne échoua contre ses murs ; aussi un agent de la Convention changea-t-il le nom de la ville en celui de *Commune de la Victoire*. Le nom était prétentieux quoique mérité, car, dans les guerres maritimes de la République et de l'Empire, les Malouins coururent sus plus que jamais aux navires anglais. En 1806 et 1807, trente-neuf corsaires sortirent du port de Saint-Malo, et parmi eux se trouvait le fameux *Surcouf*, qui avait déjà acquis une grande renommée dans les Indes, et dont les marins de Saint-Malo ne prononcent jamais le nom sans éprouver un juste sentiment d'orgueil et d'admiration.

Les Malouins avaient en outre, dans les derniers siècles, continué leurs explorations des contrées lointaines. En 1693, ils avaient doublé le cap Horn pour aller nouer des relations commerciales avec le Pérou. Ils avaient découvert l'archipel des îles *Malouines* (plus connu aujourd'hui sous le nom d'îles

Falkland). En 1709, on les voit trafiquer dans la mer Rouge, et c'est un marin de Saint-Malo, Du Fougeray-Garnier, qui porte des plants de café à l'île Bourbon. Aujourd'hui Saint-Malo n'a plus l'importance qu'elle avait alors. Mais c'est encore un de nos ports qui envoient le plus de navires (70 à 80) à Terre-Neuve pour la grande pêche. Elle est restée une cité maritime où nos flottes recrutent d'intrépides matelots, dignes descendants des anciens Malouins; une cité fière de ses grands noms de toute sorte, car peu de villes ont payé comme elle et comme la ville de Rennes un plus riche tribut de gloires à la patrie française.

VII. — Personnages célèbres.

Seizième siècle. — JACQUES CARTIER (1494-1554), né à Saint-Malo, explora en 1534 l'embouchure du Saint-Laurent et découvrit une partie du Canada. — BERTRAND D'ARGENTRÉ, historien, né à Vitré en 1519, mort en 1590, fut sénéchal de Rennes et cultiva la jurisprudence et l'histoire. Il a écrit une *Histoire de Bretagne* et des commentaires sur la *Coutume de Bretagne*.

Dix-septième siècle. — PORCON DE LA BARBINAIS (PIERRE) (1639-1681), né à Saint-Malo, armateur de Saint-Malo, célèbre par son héroïsme et son dévouement à la patrie. C'est le Régulus français. — DUGUAY-TROUIN (RENÉ), né à Saint-Malo le 10 juin 1673, se signala surtout par la guerre de courses qu'il fit avec bonheur contre les Anglais et par sa grande expédition contre Rio-Janeiro. Il survécut longtemps à Louis XIV et mourut en 1736. Sa ville natale lui a élevé une statue en 1829. — PORÉE (ALAIN) (1665-1730), né à Saint-Malo, s'illustra dans les guerres maritimes sous le règne de Louis XIV et fut un digne émule de Duguay-Trouin. — TOURNEMINE (le P.), savant jésuite, né à Rennes en 1661, mort en 1739; théologien, philosophe, un des directeurs du *Journal de Trévoux*.— LA BLETTERIE (J.-PH.-RÉNÉE DE) (1696-1772), oratorien et savant distingué, professeur au Collége de France, membre de l'Académie des Inscriptions. — LA METTRIE (JULIEN OFFRAY DE), médecin et philosophe

(1709-1751), né à Saint-Malo, fut un des savants accueillis par le roi de Prusse Frédéric II, mais a malheureusement émis des doctrines complétement matérialistes. — MAUPERTUIS (PIERRE-LOUIS-MOREAU) (1698-1759), né à Saint-Malo, mathématicien et littérateur célèbre, voyagea en Europe et fut un des savants comblés des faveurs de Frédéric; sa rivalité avec Voltaire, qui exerça contre lui sa verve railleuse, a plus contribué peut-être à sa célébrité que ses travaux : il a cependant un des premiers reconnu que notre globe devait être aplati aux Pôles. — MAHÉ DE LA BOURDONNAIS (BERTRAND-FRANÇOIS), célèbre marin (1699-1751), né à Saint-Malo, contribua à la conquête de Mahé (côte de Malabar) et joua un grand rôle dans nos guerres avec l'Angleterre. Il s'empara de Madras en 1766, mais sa rivalité avec Dupleix amena son rappel et termina brusquement sa carrière. Son administration de l'île Bourbon avait été si habile qu'on lui a élevé une statue dans cette île en 1859. — GUICHEN (LUC-URBAIN DU BOUEXIC, comte DE), célèbre marin français, né à Fougères en 1712, mort à Morlaix en 1790. Se distingua dans les guerres du dix-huitième siècle, surtout pendant la guerre d'Amérique, où, comme lieutenant général et chef d'escadron, il lutta avec honneur contre l'amiral anglais Rodney. — LA MOTTE PICQUET (le comte TOUSSAINT-GUILLAUME PICQUET DE LA MOTTE), né à Rennes en 1720, un des plus illustres marins qui aient commandé nos escadres dans les guerres du dix-huitième siècle, mort à Brest en 1791. Il fit vingt-huit campagnes. — LA RIBOISIÈRE (JEAN-AMBROISE-BASTON comte DE), né à Fougères en 1759, mort à Kœnigsberg en 1812, célèbre général d'artillerie qui prit part aux plus grandes guerres de l'Empire. Son corps repose aux Invalides. — KÉRALIO (L. FÉLIX GUYNEMENT DE) (1731-1793), né à Rennes, littérateur français, professeur à l'École militaire en 1769, puis membre de l'Académie des Inscriptions. — GOURNAY (VINCENT DE), économiste, né à Saint-Malo en 1712, mort en 1759. Fils d'un riche négociant, il s'occupa surtout des questions relatives au commerce et donna la formule du libre échange : laissez faire, laissez passer. — LA CHALOTAIS (L. RENÉ CARADEUC DE), magistrat célèbre, né à Rennes en 1701.

Sa lutte contre le duc d'Aiguillon, gouverneur de Bretagne, fut un des épisodes les plus célèbres de l'histoire du dix-huitième siècle. Procureur général près le Parlement de Rennes, il brava ouvertement la puissance royale et fut même sur le point de perdre la tête sur l'échafaud. Emprisonné au château de Saint-Malo, il ne reprit l'exercice de ses fonctions qu'à l'avénement de Louis XVI et mourut en 1785.

Dix-neuvième siècle. — CHATEAUBRIAND (FRANÇOIS-RENÉ,

Tombeau de Chateaubriand, à Saint-Malo.

vicomte DE), né près de Saint-Malo, au château de Combourg (1768), mort à Paris en 1848 et enterré sur une roche solitaire à Saint-Malo, a, par ses livres, le *Génie du Christianisme*, les *Martyrs*, l'*Itinéraire de Paris à Jérusalem*, les *Études historiques*, exercé une grande influence sur la société et la littérature du dix-neuvième siècle. — LAMENNAIS (HUGUES-FÉLICITÉ DE) (1782-1854), né à Saint-Malo, fils d'un armateur, entra dans la carrière ecclésiastique et publia (1816-1824) son *Essai sur l'indifférence* qui le rendit célèbre. Mais Lamennais ne tarda pas à rompre avec le catholicisme, et son livre les *Paroles d'un Croyant* (1834) fut condamné par le pape. Toute sa vie ne fut qu'une lutte moitié politique, moitié religieuse. — BROUSSAIS (FRANÇOIS-JOSEPH-VICTOR), né à Saint-Malo (1772-1838), médecin célèbre, suivit nos armées dans leurs courses à travers l'Europe. Ses travaux physiologiques ont ouvert une voie nouvelle à la science. Un monument lui a été élevé en 1841 au Val-de-Grâce, à Paris.

VIII. — Population, langue, culte, instruction publique.

La *population* d'Ille-et-Vilaine s'élève, d'après le recensement de 1876, à 602,712 habitants. A ce point de vue c'est le onzième département. Le chiffre des habitants divisé par celui des hectares donne environ 87 habitants par 100 hectares ou par kilomètre carré : c'est ce qu'on nomme la *population spécifique*. La France entière ayant 68 à 69 habitants par kilomètre carré, il en résulte qu'Ille-et-Vilaine renferme, à surface égale, 18 ou 19 habitants de plus que l'ensemble de notre pays.

Depuis 1801, date du premier recensement officiel, Ille-et-Vilaine a gagné 113,866 habitants.

Le français et un patois qui en dérive sont les seuls idiomes employés dans le département d'Ille-et-Vilaine.

Presque tous les habitants sont catholiques. Sur les 589,532 habitants de 1872, on ne comptait que 642 protestants et 29 israélites.

Le nombre des *naissances* a été, en 1876, de 17,839 ; celui des *décès*, de 14,493 ; celui des *mariages*, de 5,006.

La *vie moyenne* est de 33 ans 1 mois.

Le *lycée* de Rennes a compté en 1876, 511 élèves ; les *collèges communaux* de Fougères, Saint-Servan et Dol, 455 ; 5 *institutions secondaires libres*, 1,377 ; le *petit séminaire* de Saint-Méen, 219 ; les *écoles primaires* (en 1875), 56,882.

Le recensement de 1872 a donné les résultats suivants :

Ne sachant ni lire ni écrire.	236,699
Sachant lire seulement.	118,801
Sachant lire et écrire.	221,375
Dont on n'a pu vérifier l'instruction.	12,657
Total de la population civile.	589,532

Sur 50 accusés de crimes en 1865, on a compté :

Accusés ne sachant ni lire ni écrire.	32
— sachant lire ou écrire imparfaitement.	13
— sachant bien lire et bien écrire.	4
— ayant reçu une instruction supérieure.	1

IX. — Divisions administratives.

Le département d'Ille-et-Vilaine forme le diocèse de Rennes ; — les 3e et 4e subdivisions du 10e corps d'armée (Rennes). — Il ressortit : à la cour d'Appel de Rennes, — à la 14e légion de gendarmerie (Rennes), — à la 12e inspection des ponts et chaussées, — à la 23e conservation des forêts (Rennes), — à l'arrondissement minéralogique de Rennes (division du Nord-Ouest). — Il comprend 6 arrondissements (Fougères, Montfort, Redon, Rennes, Saint-Malo, Vitré), 43 cantons, 353 communes.

Chef-lieu du département : RENNES.

Chefs-lieux d'arrondissement : Fougères, Montfort, Redon, Rennes, Saint-Malo, Vitré.

Arrondissement de Fougères (6 cant.; 57 com.; 85,468 h.; 99,017 hect.).

Canton d'Antrain (10 com.; 16,709 h.; 22,024 hect.). — Antrain — Bazouges-la-Pérouse — Chauvigné — Fontenelle (La) — Marcillé-Raoul — Noyal-sous-Bazouges — Rimoux — Saint-Ouen-la-Rouërie — Saint-Rémy-du-Plein — Tremblay.

Canton de Fougères-Nord (10 com.; 16,374 h.; 13,408 hect.). — Beaucé — Chapelle-Janson (La) — Fleurigné — Fougères — Laignelet — Landéan — Loroux (Le) — Luitré — Parigné — Selle-en-Luitré (La).

Canton de Fougères-Sud (9 com.; 13,680 h.; 16,559 hect.). — Billé

— Combourtillé — Dompierre-du-Chemin — Fougères — Javené — Lécousse — Parcé — Romagné — Saint-Sauveur-des-Landes.

Canton de Louvigné-du-Désert (8 com.; 13,015 h.; 15,933 hect.). — Bazouges-du-Désert — Ferré (Le) — Louvigné-du-Désert — Mellé — Montault — Poilley — Saint-Georges-de-Reintembault — Villamée.

Canton de Saint-Aubin-du-Cormier (10 com.; 10,714 h.; 14,688 hect.). — Chapelle-Saint-Aubert (La) — Gosné — Mézières — Saint-Aubin-du-Cormier — Saint-Christophe-de-Valains — Saint-Georges-de-Chesné — Saint-Jean-sur-Couesnon — Saint-Marc-sur-Couesnon — Saint-Ouen-des-Alleux — Vendel.

Canton de Saint-Brice-en-Coglès (11 com.; 14,976 h.; 17,005 hect.). — Baillé — Châtellier (Le) — Coglès — Montours — Saint-Brice-en-Coglès — Saint-Étienne-en-Coglès — Saint-Germain-en-Coglès — Saint-Hilaire-des-Landes — Saint-Marc-le-Blanc — Selle-en-Coglès (La) — Tiercent (Le).

Arrondissement de Montfort (5 cant.; 46 com.; 62,164 h.; 94,589 hect.).

Canton de Bécherel (10 com.; 10,956 h.; 12,023 hect.). — Bécherel — Cardroc — Chapelle-Chaussée (La) — Ifs (Les) — Irodouer — Langan — Miniac — Romillé — Saint-Brieuc-des-Ifs — Saint-Pern.

Canton de Montauban (8 com.; 9,326 h.; 13,183 hect.). — Bois-Gervilly — Chapelle-du-Lou (La) — Landujan — Lou-du-Lac (Le) — Médréac — Montauban — Saint-M'hervon — Saint-Uniac.

Canton de Montfort (11 com.; 15,513 h.; 21,276 hect.). — Bédée — Breteil — Chapelle-Thouarault (La) — Clayes — Iffendic — Lanouaye — Montfort — Pleumeleuc — Saint-Gonlay — Talensac — Verger (Le).

Canton de Plélan (8 com.; 14,517 h.; 29,660 hect.). — Bréal — Maxent — Monterfil — Paimpont — Plélan — Saint-Péran — Saint-Thurial — Treffendel.

Canton de Saint-Méen (9 com.; 11,834 h.; 18,447 hect.). — Bleruais — Crouais (Le) — Gaël — Muel — Quédillac — Saint-Malon — Saint-Maugan — Saint-Méen — Saint-Onen.

Arrondissement de Redon (7 cant.; 49 com.; 87,237 h.; 132,935 hect.).

Canton de Bain (7 com.; 16,820 h.; 26,656 hect.). — Bain — Ercé-en-Lamée — Messac — Noë-Blanche — Pancé — Pléchâtel — Poligné.

Canton du Grand-Fougeray (2 com.; 7,201 h.; 12,818 hect.). — Grand-Fougeray (Le) — Saint-Sulpice-des-Landes.

Canton de Guichen (8 com.; 16,052 h.; 24,396 hect.). — Baulon — Bourg-des-Comptes — Goven — Guichen — Guignen — Laillé — Lassy — Saint-Senoux.

Canton de Maure (9 com.; 9,477 h.; 17,470 hect.). — Bovel — Brûlais (Les) — Campel — Chapelle-Bouëxic (La) — Comblessac — Loutehel — Maure — Mernel — Saint-Séglin.

Canton de Pipriac (9 com.; 14,408 h.; 24,448 hect.). — Bruc — Guipry — Lieuron — Lohéac — Pipriac — Saint-Ganton — Saint-Just — Saint-Malo-de-Phily — Sixt.
Canton de Redon (7 com.; 16,620 h.; 16,422 hect.). — Bains — Brain — Chapelle-Saint-Melaine (la) — Langon — Redon — Renac — Sainte-Marie.
Canton du Sel (7 com.; 6,659 h.; 10,725 hect.). — Bosse (La) — Chanteloup — Couyère (La) — Lalleu — Saulnières — Sel (Le) — Tresbœuf.

Arrondissement de Rennes (10 cant.; 78 com.; 157,482 h.; 137,546 hect.).
Canton de Châteaugiron (10 com.; 10,805 h.; 11,853 hect.). — Brecé — Chancé — Châteaugiron — Domloup — Nouvoitou — Noyal-sur-Vilaine — Saint-Armel — Saint-Aubin-du-Pavail — Servon — Venèfles.
Canton de Hédé (11 com.; 11,333 h.; 16,701 hect.). — Bazouges-sous-Hédé — Dingé — Guipel — Hédé — Langouet — Lanrigan — Mézière (La) — Québriac — Saint-Gondran — Saint-Symphorien — Vignoc.
Canton de Janzé (6 com.; 13,026 h.; 15,175 hect.). — Amanlis — Boistrudan — Brie — Corps-Nuds — Janzé — Piré.
Canton de Liffré (7 com.; 11,123 h.; 10,551 hect.). — Bouëxière (La) — Chasné — Dourdain — Ercé-près-Liffré — Liffré — Livré — Saint-Sulpice-la-Forêt.
Canton de Mordelles (7 com.; 7,499 h.; 9,668 hect.). — Chavagne — Cintré — Hermitage (L') — Moigné — Mordelles — Rheu (Le) — Saint-Gilles.
Canton de Rennes-Nord-Est (8 com.; 22,631 h.; 10,057 hect.). — Betton — Chapelle-des-Fougerets (La) — Gévezé — Montgermont — Montreuil-le-Gast — Rennes — Saint-Grégoire — Thorigné.
Canton de Rennes-Nord-Ouest (3 com.; 22,356 h.; 8,927 hect.). — Pacé — Parthenay — Rennes.
Canton de Rennes Sud-Est (5 com.; 20,300 h.; 9,312 hect.). — Acigné — Cesson — Chantepie — Rennes — Vern.
Canton de Rennes Sud-Ouest (10 com.; 20,714 h.; 13,191 hect.). — Bourg-Barré — Bruz — Chartres — Châtillon-sur-Seiche — Noyal-sur-Seiche — Orgères — Rennes — Saint-Erblon — Saint-Jacques-de-la-Lande — Vezin.
Canton de Saint-Aubin-d'Aubigné (14 com.; 16,795 h.; 23,131 hect.). — Andouillé-Neuville — Aubigné — Chevaigné — Feins — Gahard — Melesse — Montreuil-sur-Ille — Mouazé — Romazy — Saint-Aubin-d'Aubigné — Saint-Germain-sur-Ille — Saint-Médard-sur-Ille — Sens — Vieuxvy-sur-Couesnon.

Arrondissement de Saint-Malo (9 cant.; 62 com.; 130,637 h.; 92,892 hect.).
Canton de Cancale (6 com.; 16,528 h.; 8,569 hect.). — Cancale —

Fresnais (La) — Hirel-et-Vildé — Saint-Benoît-des-Ondes — Saint-Coulomb — Saint-Méloir-des-Ondes.

Canton de Châteauneuf (8 com.; 12,018 h.; 10,085 hect.). — Châteauneuf — Lillemer — Miniac-Morvan — Plerguer — Saint-Guinoux — Saint-Père — Saint-Suliac — Ville-ès-Nonais (La).

Canton de Combourg (10 com.; 16,582 h.; 20,299 hect.). — Bonnemain — Combourg — Cuguen — Lanhélin — Lourmais — Meillac — Saint-Léger — Saint-Pierre-de-Plesguen — Trémeheuc — Tressé.

Canton de Dol (8 com.; 17,003 h.; 13,516 hect.). — Baguer-Morvan — Baguer-Pican — Cherrueix — Dol — Épiniac — Mont-Dol — Roz-Landrieux — Vivier (Le).

Canton de Pleine-Fougères (10 com.; 15,593 h.; 16,668 hect.). — Boussac (La) — Pleine-Fougères — Roz-sur-Couesnon — Sains — Saint-Broladre — Saint-Georges-de-Gréhaigne — Saint-Marcan — Sougéal — Trans — Vieuxviel.

Canton de Pleurtuit (5 com.; 12,805 h.; 6,097 hect.). — Minihic-sur-Rance — Pleurtuit — Saint-Briac — Saint-Énogat — Saint-Lunaire.

Canton de Saint-Malo (2 com.; 13,961 h.; 1,858 hect.). — Paramé — Saint-Malo.

Canton de Saint-Servan (3 com.; 14,690 h.; 3,291 hect.). — Gouesnière (La) — Saint-Jouan-des-Guérets — Saint-Servan.

Canton de Tinténiac (10 com.; 11,459 h.; 12,509 hect.). — Baussaine (La) — Chapelle-aux-Filzméens (La) — Longaulnay — Plesder — Pleugueneuc — Saint-Domineuc — Saint-Thual — Tinténiac — Trévérien — Trimer.

Arrondissement de Vitré (6 cant.; 61 com.; 79,742 h.; 114,857 hect.).

Canton d'Argentré (9 com.; 12,550 h.; 20,964 hect.). — Argentré — Brielles — Domalain — Étrelles — Gennes — Pertre (Le) — Saint-Germain-du-Pinel — Torcé — Vergéal.

Canton de Châteaubourg (9 com.; 7,915 h.; 10,678 hect.). — Broons-sur-Vilaine — Châteaubourg — Chaumeré — Domagné — Louvigné-de-Bais — Ossé — Saint-Didier — Saint-Jean-sur-Vilaine — Saint-Melaine.

Canton de la Guerche (11 com.; 15,064 h.; 20,344 hect.). — Availles — Bais — Chelun — Drouges — Éancé — Guerche (La) — Moulins — Moussé — Moutiers — Selle-Guerchaise (La) — Visseiche.

Canton de Retiers (10 com.; 15,735 h.; 24,862 hect.). — Arbresec — Coësmes — Essé — Forges — Marcillé-Robert — Martigné-Ferchaud — Retiers — Sainte-Colombe — Theil (Le) — Thourie.

Canton de Vitré-Est (10 com.; 14,845 h.; 21,347 hect.). — Balazé — Bréal — Chapelle-Erbrée (La) — Châtillon-en-Vendelais — Erbrée — Mondevert — Montautour — Princé — Saint-M'Hervé — Vitré.

Canton de Vitré-Ouest (13 com.; 13,633 h.; 16,662 hect.). — Champeaux — Cornillé — Izé — Landavran — Marpiré — Mecé — Montreuil-des-Landes — Montreuil-sous-Pérouse — Pocé — Saint-Aubin-des-Landes — Saint-Christophe-des-Bois — aillis (Le) — Vitré.

X. — Agriculture.

Sur les 672,583 hectares du département, on compte en nombres ronds :

Terres labourables.	403,000 hectares.
Prés.	73,000
Vignes.	158
Bois.	42,000
Landes.	106,000

Le reste se partage entre les farineux, les cultures potagères, maraîchères et industrielles, les étangs, les emplacements de villes, de bourgs, de villages, les surfaces prises par les routes, les chemins de fer, les cimetières, etc.

En nombres ronds, on compte dans le département : 75,000 chevaux, ânes et mulets, 324,000 bœufs, 45,000 moutons, 107,000 porcs, 8000 chèvres et plus de 21,000 chiens. Les chevaux appartiennent à trois races : la race bretonne, la meilleure, mais la moins répandue ; la race indigène, la plus commune et la moins estimée ; et les chevaux de charbonniers, répandus dans les forêts et dans les landes. Les vaches du pays donnent un excellent lait, servant à fabriquer du fromage façon gruyère et une quantité considérable de beurre regardé comme le meilleur de France et appelé *beurre de la Prévalaye*, du nom d'un ancien château (V. page 35) situé à 3 kilomètres à l'ouest de Rennes. La race porcine, blanche et de haute taille, est fort belle. Les meilleures volailles sont celles de Janzé et les *poulardes de Rennes*. Enfin près de 125,000 ruches donnent un excellent miel.

Les deux tiers seulement du territoire sont cultivés ; le reste est occupé par des landes revêtues de bruyères et d'ajoncs, par des prairies et des bois. Et pourtant la surface arable s'est bien augmentée depuis quelques années : le transport des engrais pulvérulents a complétement changé l'agriculture du pays, qui se livre avec succès au défrichement des landes. Le sous-sol du département est un vaste plateau de granit, sur lequel repose une couche de terre végétale assez mince, mais qui doit à l'extrême humidité du climat une grande fertilité. La partie la plus productive du département est le Marais de Dol, plaine féconde de 15,000 hectares, protégée contre l'invasion de l'Océan par une digue, longue de 36 kilomètres, construite au douzième siècle.

L'Ille-et-Vilaine est un pays de petite culture ; la propriété y est très-divisée. La plus grande partie du territoire est morcelée en une foule de cottages rustiques de quelques hectares, séparés par des haies et éparpillés de bouquets de bois et d'arbres fruitiers. Le pays produit une quantité considérable de *céréales* de toute sorte : froment, seigle, orge, méteil, sarrazin, avoine : les *gruaux* de Fougères, d'Ercé, de Sens-de-Bretagne, sont estimés. Il y a peu de pays où la culture du *chanvre* et du *lin* soit aussi répandue que dans le département d'Ille-et-Vilaine ; on en fait des toiles de ménage, des toiles à voiles et des cordages pour la marine ainsi que des fils retors appelés fils de Bretagne. Les vallées renferment des *prairies* fort belles ; la commune d'Antrain en possède à elle seule 200 hectares sur les bords si riches et si pittoresques du Couesnon, renommé, ainsi que l'Oysance, son affluent, par ses truites saumonées. On trouve quelques vignes (vins très-médiocres) dans le sud d'Ille-et-Vilaine, qui est l'un des départements français autorisés à cultiver le *tabac*. Les innombrables *pommiers* et *poiriers* du pays produisent un *cidre* excellent, surtout dans le canton de Dol.

Les principales *forêts* du département sont : celle de Paimpont (6,070 hectares), une des plus belles de la Bretagne et qui offre de remarquables futaies ; celles de la Guerche (2,800 hectares), de Fougères (1,660 hectares), de Chevré (1,291 hectares), du Pertre (1200 hectares), de Villequartier (980 hectares), d'Araize (840 hectares) ; celle de Haute-Sève (700 hectares), renommée pour ses chênes magnifiques, dont quelques-uns, qui n'ont pas moins de 12 à 15 mètres sous branches, s'élancent droits et légers comme de vigoureux sapins ; les forêts de Rennes, Javardon, Saint-Aubin-du-Cormier, Montfort, Saint-Méen, etc. Les essences dominantes sont le chêne, le hêtre, le châtaignier, le tremble et le bouleau. Le sanglier est commun dans le département. — Une *ferme-école*, celle de *Trois-Croix* (avec fabrique d'instruments aratoires), est établie aux portes de Rennes.

XI. — Industrie.

Les minéraux exploités dans le département sont : la galène argentifère, le fer, le sel marin, les ardoises et la pierre à bâtir. La mine de *galène argentifère et blende* de Bruz, qui occupe environ 400 ouvriers, produit annuellement environ 130,000 quintaux métriques de plomb et argent valant plus de 250,000 francs. Le hameau de Pont-Péan (commune de Saint-Erblon) possède aussi des mines de plomb argentifère. Les 12 *minières de fer* actuellement en exploitation (230 ouvriers) donnent plus de 156,000 quintaux de minerai, valant environ 38,000 francs. De deux hectares de *marais salants*,

20 ouvriers retirent chaque année à peu près 4,500 quintaux métriques de sel, ayant une valeur de 22,000 francs. Les *ardoisières* les plus importantes sont celles du Plessis, dans la commune de Coesmes, et de Sainte-Marie, près Redon. Enfin on exploite, comme matériaux

Château de la Prévalaye.

de construction, des carrières de *granit* à Saint-Servan, Saint-Marc-le-Blanc, Louvigné-du-Désert, Saint-Germain-en-Coglès, et dans plusieurs autres communes de l'arrondissement de Fougères, où l'extraction et la taille des pierres occupent plusieurs milliers de bras.

Le hameau de Pont-Réan, voisin de Rennes, exploite des carrières de schiste rougeâtre. Les célèbres rochers de Cancale ont été attaqués par les carriers. Il faut signaler aussi, près de Poligné, la colline du Tertre-Gris, haute de 96 mètres : suivant M. de la Bigne, c'est un remarquable gisement d'ampélites, de figures et de couleurs variées ; ces pierres grises, roses ou noires, ici entassées comme des scories, là offrant une masse compacte, avaient accrédité l'opinion vulgaire qu'elles étaient le produit d'une ancienne éruption volcanique. La science a constaté que ce qu'on observe à Poligné fait supposer l'existence d'une houillère. On trouve aussi sur le territoire du quartz blanc, du cuivre sulfuré et de la chaux carbonatée.

Plusieurs *sources minérales*, la plupart ferrugineuses, jaillissent dans la forêt de Saint-Aubin-du-Cormier, près du château des Rochers, à Saint-Servan, Guichen, Saint-Jouan-des-Guérets, Bécherel, au Theil, à Montfort, Fougères, etc.

Au premier rang des établissements métallurgiques du département, nous devons placer les *forges de Paimpont*, qui existaient il y a déjà deux siècles, mais auxquelles le dernier propriétaire, M. Formon, a apporté tous les perfectionnements de la science moderne. Il faut annuellement plus de 40,000 stères de bois pour alimenter cet établissement, qui occupe 400 ouvriers. Viennent ensuite : les forges de la Vallée et de Sérigné (commune de la Bouexière), de la Ragotière et de Caron (commune de Guignen), de Martigné-Ferchaud ; les *fonderies de fer* de Rennes, Fougères, Redon, du Plessis-Bardoult (commune de Pléchâtel), de Saint-Malo ; les *hauts fourneaux* de Redon et de Cérigné (alimentés par de vastes étangs) ; les *fonderies de cuivre* de Redon et Saint-Malo. Il existe, en outre, des *clouteries* à Rennes, Janzé, Liffré, Piré, Bazouges-la-Pérouse, Bain et Saint-Servan ; des fabriques d'*instruments aratoires* à Rennes, Paimpont, Redon et Saint-Malo ; de *limes* et de *pompes* à Rennes ; des *taillanderies*, à Châteaugiron, Saint-Grégoire, Fougères, Montfort et Redon.

Mais les deux genres d'industrie les plus répandus sont la *tannerie* et la *minoterie*. La première est représentée par de nombreux établissements à Antrain, Bain, Bazouges-la-Pérouse, Chauvigné, Combourg, Dol, Fougères, Gosné, Grand-Fougeray, la Guerche, Guichen, Janzé, Liffré, Melesse, Montfort, Noyal-sous-Bazouges, Paimpont, Plélan-le-Grand, Redon, Saint-Brice-en-Coglès, Saint-Domineuc, Saint-Georges-de-Raimtemboult, Saint-Malo, Saint-Méen, Tinténiac, Tremblay et Vitré. Les *minoteries* se trouvent à Antrain, la Baussaine, Bazouges-la-Pérouse, Carcé (commune de Bruz), Châteaubourg, Domalain, Gosné, Guichen, Hédé, Monterfil, Mordelles, Noyal-sur-Vilaine, Plélan-le-Grand, au Plessis-Bardoult (commune de Pléchâtel), à Guipry, Rennes, au Rheu, à Romillé, Saint-Aubin-d'Aubigné, Saint-Germain-sur-Ille, Saint-Jean-sur-Couesnon, Saint-Malo, Saint-Servan, Sens, Tremblay, Visseiche et Yffendic.

La fabrication des *toiles* à voiles ou de ménage occupe un grand nombre de bras dans les communes d'Amanlis, d'Antrain, Melesse, Montfort, Noyal-sur-Vilaine, Rennes, Janzé, Paimpont, etc., qui possèdent également des blanchisseries. La fabrication des toiles de ménage occupe aussi à Fougères un certain nombre de bras ; mais cette industrie tend à disparaître, et est remplacée par la fabrication de la chaussure pour femmes, qui occupe près de 4,000 ouvriers des deux sexes, et qui prend chaque jour de l'extension.

La pêche et l'ostréiculture forment la principale industrie des côtes. Il existe des *parcs à huîtres* à Dol, Saint-Méloir-des-Ondes, au Vivier-sur-Mer, à Saint-Suliac, près duquel le banc du Néril, situé au milieu de la Rance, produit des huîtres estimées. Mais au fond de la baie de Cancale, les ports de la Houle et de Cancale sont habités par des pêcheurs qui vont draguer les huîtres les plus renommées peut-être du monde : il s'en recueille 100 millions par an. A Cancale, des règlements très-sévères maintiennent la pêche, qui, abandonnée à elle-même, serait bientôt ruinée, car il y a peu d'huîtres sur la côte, où on ne les prend qu'aux grandes marées. Certains jours, quelques bateaux seulement ont l'autorisation de sortir. Les bateaux dragueurs, en revenant de la pêche, s'arrêtent à 200 ou 300 mètres du littoral pour jeter à la mer leur cargaison de crustacés. Chaque pêcheur connaît par des points de repère la position de son parc, où il jette ses huîtres, qui vont s'entasser sur celles déjà réunies. Cancale possède 600 parcs clayonnés.

Il existe d'importants *chantiers de construction de bateaux* ou de navires à Cancale, Minihic-sur-Rance, Pleurtuit, Redon et à Saint-Malo, où la moyenne des constructions de navires s'élève chaque année à 3,000 tonneaux de jeauge.

Enfin le département possède : des filatures de chanvre et de lin (à Rennes), une filature de laines (Antrain), des papeteries (Vieuxvy, Saint-Christophe-de-Valains, la Ville-Danet) ; des verreries (Laignelet, Saint-Remy-du-Palais, Fougères). A Fougères et aux environs, la fabrication de la *cordonnerie* fait vivre près de 4,500 personnes. Dourdain, la Bouexière, Livré, ont des fabriques de vannerie ; Antrain, Rennes, Fougères, Javené, Montfort, Redon, Bain, Grand-Fougeray, Dol, des teintureries ; Fougères, Paimpont, Plélan-le-Grand, Redon, Saint-Malo, Saint-Servan et Rennes, des *scieries* ; Rennes, une fabrique de billards ; Fougères, Rennes, des fabriques de bonneterie ; Tremblay, Fougères, Grand-Fougeray, Rennes, des corroiries; Bains, Dol, Vitré, Rennes, des mégisseries; Antrain, Fougères, des fabriques de flanelles; Rennes, Montfort, Saint-Servan, Vitré et Fougères, des imprimeries; Fougères, un teillage mécanique de lin et de chanvre; Paimpont, Redon, Rennes, des fabriques de produits chimiques ou de noir animal; Redon, Rennes, Saint-Servan, des brasseries; Saint-Malo et Saint-Servan, des fabriques de biscuits pour la marine et de cordages; Dol, une distillerie de betteraves; Saint-Malo et Rennes, des fabriques de pipes en terre ou en ébène; Poligné, un moulin à tripoli. Enfin la ville de Rennes renferme, en outre, des fabriques de blouses, de bougies, de broderie, de brosses, de chapeaux, chaussures, chocolat, cire, conserves alimentaires, une faïencerie, une huilerie, des fabriques de gants, lacets, passementerie, rubans, d'orgues, d'ouate, de papiers peints, etc. Vitré fabrique des sayons de peau de chèvre, espèce de pardessus d'hiver dont l'usage est général dans les familles de cultivateurs. Le nombre des moulins à blé ou à tan répandus sur le territoire d'Ille-et-Vilaine est considérable.

XII. — Commerce, chemins de fer, routes.

Le département *exporte* des chevaux, du bétail, des grains, des bois de construction, de la chaux et du beurre, dont il se vend chaque année pour environ 50 millions de francs dans le seul arrondissement de Fougères, de la graine de lin, une quantité considérable de châtaignes dites marrons de Redon, des toiles, des fils de Bretagne, du tabac, des gruaux de Fougères, du miel, des huîtres de Cancale, des porcs salés, des bois merrains et bois de chauffage, des cuirs tannés et corroyés, de la cire, du miel, du cidre, du sel, etc. L'état du mouvement des douanes du seul port de Saint-Malo constate une moyenne annuelle de 187 millions de kilogrammes de marchandises importées et exportées.

Il *importe* des vins, eaux-de-vie et liqueurs, des denrées coloniales, des articles de librairie, d'épicerie, de modes, de bijouterie, de l'horlogerie, des nouveautés, des meubles, du sucre, des huiles, du goudron, et environ 490,000 quintaux métriques de houille provenant de Valenciennes (Nord), de Saint-Pierre-la-Cour (Mayenne) et d'Angleterre.

Le département d'Ille-et-Vilaine est traversé par 4 chemins de fer, d'un développement total de 297 kilomètres.

1° Le chemin de fer *de Paris à Brest* passe du département de la Mayenne dans celui d'Ille-et-Vilaine à 2 kilomètres au delà de la station de Saint-Pierre-la-Cour. Il dessert Vitré, Châteaubourg, Servon, Noyal, Rennes, l'Hermitage, Montfort-sur-Meu et Montauban, avant d'entrer dans le département des Côtes-du-Nord, après un parcours de 93 kilomètres.

2° Le chemin de fer *de Vitré à la baie du Mont-Saint-Michel* a pour stations Gérard, la Roche, Châtillon, Parcé, Dampierre, la Brebitière, la Selle, Fougères, Saint-Germain, la Touche, Saint-Étienne, Saint-Brice, Tremblay et Antrain. Au delà, il entre dans le département de la Manche, après un parcours de 71 kilomètres dans celui d'Ille-et-Vilaine.

3° Le chemin de fer *de Rennes à Saint-Malo* (81 kilomètres) passe aux gares de Betton, Saint-Germain-sur-Ille, Montreuil-sur-Ille, Combourg, Bonnemain, Dol, la Fresnais, la Gouesnière-Cancale et Saint-Malo-Saint-Servan.

4° La ligne *de Rennes à Redon* dessert Bruz, Guichen, Bourg-des-Comptes, Bain-Lohéac, Messac et Fougeray-Langon. Au delà, elle entre dans le département de la Loire-Inférieure, où elle a deux stations, Beslé et Avessac, rentre un instant dans Ille-et-Vilaine et se raccorde enfin avec la ligne de Nantes à Brest, qui passe du département de la Loire-Inférieure dans celui d'Ille-et-Vilaine, en franchissant la Vilaine à Redon. Parcours, 52 kilomètres.

Les voies de communication comptent 6,539 kilomètres, savoir :

4 chemins de fer		297 kil.
12 routes nationales		723
23 routes départementales		525 1/2
1,295 chemins vicinaux	40 de grande communication . . . . . 1,118 1/2 115 de moyenne communication . . . . . 1,361 1/2 1,129 de petite communication 2,277	6,071 1/2
7 rivières navigables		161
2 canaux		75 1/2

XIII. — Dictionnaire des communes.

Acigné, 2,119 h., c. (Sud-Est) de Rennes.

Amanlis, 2,544 h., c. de Janzé.

Andouillé-Neuville, 810 h., c. de Saint-Aubin-d'Aubigné. ⟶ Château de la Magnane, du XVII° s., flanqué de tours.

Antrain, 1,582 h., ch.-l. de c. de l'arrond. de Fougères. ⟶ Église du XII° s., reconstruite en partie en 1512. — Château de Bonnefontaine (XVI° s.), bien conservé.

Arbressec ou **Arbrissel**, 535 h., c. de Retiers. ⟶ L'église offre un portail roman et un autel de la Renaissance.

Argentré, 2,280 h., ch.-l. de c. de l'arrond. de Vitré. ⟶ Jolie église. — Château du Plessis (xv° s.), entouré de grands bois. — Château des Rochers (xvi° s.), célèbre par le séjour de M°° de Sévigné (beau parc); cabinet occupé par la marquise; plusieurs portraits de personnages du xvii° s., parmi lesquels celui de M°° de Sévigné, par Mignard; chapelle en rotonde, du xvii° s.

Armel (Saint-), 559 h., c. de Châteaugiron. ⟶ Église du xvii° s., et fontaine de Saint-Armel.

Aubigné, 171 h., c. de Saint-Aubin-d'Aubigné.

Aubin-d'Aubigné (Saint-), 1,871 h., ch.-l. de c. de l'arrondissement de Rennes.

Aubin-des-Landes (Saint-), 544 h., c. (Ouest) de Vitré.

Aubin-du-Cormier (Saint-), 2,035 h., sur une colline formant faîte entre l'Ille et le Couesnon, ch.-l. de c. de l'arrond. de Fougères. ⟶ Église : nef du xiv° s., le reste du xvi° s. — Ruines du château de Pierre de Dreux, bâti en 1225 ; donjon colossal fendu de haut en bas par ordre de Charles VIII. — Dans la forêt de Haute-Sève, menhirs et rochers pittoresques; source abondante d'eau ferrugineuse. Sur la lisière de cette forêt, polygone à longue portée pour l'artillerie. — St-Aubin a donné son nom à une bataille célèbre (V. *Histoire*). Après l'action, les prisonniers, parmi lesquels se trouvaient le duc d'Orléans et le prince d'Orange, furent conduits à Saint-Aubin-du-Cormier, où l'on montre encore aujourd'hui, à l'hôtel du Commerce, la cave qui, suivant la tradition, servit de prison au futur roi de France. Le général victorieux y arriva bientôt lui-même, et c'est de là qu'il adressa les bulletins de sa victoire, circonstance qui a fait donner à la bataille le nom de Saint-Aubin-du-Cormier, quoiqu'elle ait eu lieu à deux lieues de cette ville, au village d'Orange, non loin du bourg de Vieuxvy, sur la rive gauche du Couesnon, où l'on voit encore des restes de fossés et de retranchements qui furent l'ouvrage des Bretons, dans la plaine où se donna la bataille.

Aubin-du-Pavail (Saint-), 506 h., c. de Châteaugiron.

Availles, 726 h., c. de la Guerche.

Baguer-Morvan, 2,111 h., c. de Dol. ⟶ Château de Beaufort. — Ruines de l'abbaye de Tronchet (la chapelle sert encore au culte).

Baguer-Pican, 1,753 h., c. de Dol.

Baillé, 443 h., c. de Saint-Brice.

Bain, 4,299 h., ch.-l. de c. de l'arrond. de Redon. ⟶ Maisons du xv° s. — Mottes considérables du Coudray et du Véral, seuls restes de deux antiques châteaux. — Dans l'église, chaire en pierre et trois autels remarquables. — Croix ancienne dans le cimetière. — Ancienne chapelle de Notre-Dame-du-Coudray. — Belle chapelle moderne du château de la Noé (xv° s.). — Châteaux de Poméniac, de la Robinais, de la Borguière et de la Fresnaye.

Bains, 2,618 h., c. de Redon.

Bais, 2,861 h., c. de la Guerche.

Balazé, 1,823 h., c. (Est) de Vitré.

Baulon, 1,554 h., c. de Guichen.

Baussaine (La), 1,105 h., c. de Tinténiac.

Bazouges-du-Désert, 1,756 h., c. de Louvigné-du-Désert.

Bazouges-la-Pérouse, 4,164 h., c. d'Antrain.

Bazouges-sous-Hédé, 957 h., c. de Hédé. ⟶ Dans l'église, curieux tombeau en granit (xv° s.). — Dans le cimetière, pierre tombale représentant un abbé ou un évêque. — Restes d'un manoir transformé en ferme.

Beaucé, 452 h., c. (Nord) de Fougères.

Bécherel, 740 h., ch.-l. de c. de l'arrond. de Montfort. ⟶ Église moderne; clocher ancien; cuve baptismale romane. ⟶ Porte fortifiée du xv° s. — Sur la place, maisons de l Renaissance.

Bédée, 2,574 h., c. de Montfort.

Benoît-des-Ondes (Saint-), 917 h., c. de Cancale.

Betton, 2,145 h., c. (Nord-Est) de Rennes. ⟶ Dans l'église, vitraux de la fin du xvi° s. et curieux baptistère en granit. — A l'entrée de la forêt,

Château des Rochers, ancienne résidence de Mme de Sévigné.

ruines de l'abbaye de Saint-Sulpice, fondée en 1115 : bâtiment du xv° s.; restes d'une église du xii° s.; chapelle du xv° s., aujourd'hui ferme. — Château de Roulefort.

Billé, 1,122 h., c. (Sud) de Fougères.

Bléruais, 206 h., c. de Saint-Méen.

Bois-Gervilly, 1,307 h., c. de Montauban.

Boistrudan, 1,004 h., c. de Janzé.

Bonnemain, 1,951 h., c. de Combourg.

Bosse (La), 488 h., c. du Sel.

Bouexière (La), 2,560 h., c. de Liffré.

Bourg-Barré, 1,084 h., c. (Sud-Ouest) de Rennes.

Bourg-des-Comptes, 1,625 h., c. de Guichen. ⇒ Belle église moderne, style du xiv° s.; haute flèche. — Château de Goylieu (xviii° s.) et château Bochet (xvii° s.), magnifique construction entourée de plantations dessinées, dit-on, par Le Nôtre. — Ruines de l'ancien château de la Réauté, sur de hauts rochers.

Boussac (La), 3,065 h., c. d Pleine-Fougères. ⇒ Église en partie romane.

Bovel, 571 h., c. de Maure.

Brain, 689 h., c. de Redon. ⇒ Église en partie romane.

Bréal-sous-Vitré, 602 h., c. (Est) de Vitré.

Bréal-sous-Mordelles, 2,185 h., c. de Plélan. ⇒ Beau château gothique, moderne.

Brecé, 611 h., c. de Châteaugiron.

Breteil, 1,281 h., c. de Montfort.

Briac (Saint-), 2,089 h., c. de Pleurtuit. ⇒ L'église, du xiv° s., construite aux frais des pêcheurs, rappelle son origine par la plupart de ses ornementations.

Brice-en-Coglès (Saint-), 1,915 h., ch.-l. de c. de l'arrond. de Fougères. ⇒ Deux châteaux, l'un du moyen âge, l'autre du xvii° s. Ce dernier offre de belles galeries et des cheminées en granit délicatement sculptées.

Brie, 899 h , c. de Janzé.

Brielles, 975 h., c. d'Argentré.

Brieuc-des-Iffs (Saint-), 547 h., c. de Bécherel.

Broladre (Saint-), 1,812 h., c. de Pleine-Fougères.

Broons-sur-Vilaine, 495 h., c. de Châteaubourg.

Bruc, 1,507 h., c. de Pipriac.

Brûlais (Les), 682 h., c. de Maure.

Bruz, 2,828 h., c. (Sud-Ouest) de Rennes. ⇒ Manoir, ancienne maison de campagne des évêques de Rennes. — Buttes de Pont-Réan. — Ancien château de Cicé. — Château de Blossac (xviii° s.); la chapelle renferme le tombeau du général de la Bourdonnaye. — Sur la Vilaine, débris d'un château. — Château moderne, style Louis XIII.

Campel, 720 h., c. de Maure.

Cancale, 6,259 h., ch.-l. de c. de l'arrond. de St-Malo, port sur la Manche (au ham. de la Houle). ⇒ Dans la mer, célèbres rochers de Cancale, exploités comme carrière de pierre.

Cardroc, 823 h., c. de Bécherel.

Cesson, 2,441 h., c. (Sud-Est) de Rennes. ⇒ Ruines de l'ancien château de Tizé.

Champeaux, 558 h., c. (Ouest) de Vitré. ⇒ Ruines du château.

Chancé, 452 h., c. de Châteaugiron.

Chanteloup, 1,574 h., c. du Sel.

Chantepie, 862 h., c. (Sud-Est) de Rennes.

Chapelle-aux-Filzméens (La), 595 h., c. de Tinténiac.

Chapelle-Bouëxic (La), 1,171 h., c. de Maure. ⇒ Bons tableaux dans l'église. — Magnifique parc.

Chapelle-Chaussée (La), 1,185 h., c. de Bécherel.

Chapelle-des-Fougerets (La), 704 h., c. (Nord-Est) de Rennes.

Chapelle-du-Lou (La), 460 h., c. de Montauban.

Chapelle-Erbrée (La), 707 h., c. (Est) de Vitré. ⇒ Sur le tertre de l'Ecolay, Tombeau du Prêtre, monument druidique.

Chapelle-Janson (La), 1,815 h., c. (Nord) de Fougères.

Chapelle-Saint-Aubert (La), 645 h., c. de Saint-Aubin-du-Cormier.

Chapelle-Saint-Melaine (La), 1,357 h., c. de Redon.

Chapelle-Thouarault (La), 595 h., c. de Montfort.
Chartres, 875 h., c. (Sud-Ouest) de Rennes.
Chasné, 715 h., c. de Liffré.
Châteaubourg, 1,277 h., ch.-l. de c. de l'arrond. de Vitré.
Châteaugiron, 1,479 h., ch.-l. de c. de l'arrond. de Rennes. ⟶ Ruines d'un château ; deux tours bien conservées accompagnées d'une galerie.
Châteauneuf, 729 h., ch.-l. de c. de l'arrond. de Saint-Malo. ⟶ Au milieu d'un parc, ruines d'un château.
Châtellier (Le), 1,034 h., c. de Saint-Brice. ⟶ Du haut de la colline qui domine le village, la vue embrasse « 37 clochers » et s'étend jusqu'à Mortain et Dinan.
Châtillon-en-Vendelais, 1,473 h., c. (Est) de Vitré. ⟶ Ruines pittoresques du château, qui paraît dater du xiv⁰ s. — Manoir des Roussières.
Châtillon-sur-Seiche, 863 h., c. (Sud-Ouest) de Rennes. ⟶ Sous le chœur roman de l'église, crypte avec une statue de saint Léonard, visitée par les pèlerins.
Chaumeré, 210 h., c. de Châteaubourg.
Chauvigné, 1,267 h., c. d'Antrain.
Chavagne, 751 h., c. de Mordelles. ⟶ Châteaux de Menard, de Fontenelles, de la Sillandais.
Chelun, 750 h., c. de la Guerche.
Cherrueix, 1,835 h., c. de Dol.
Chevaigné, 706 h., c. de Saint-Aubin-d'Aubigné. ⟶ Dans l'église, vitrail (1550) représentant l'Ensevelissement du Christ.
Christophe-de-Valains (Saint-), 324 h., c. de Saint-Aubin-du-Cormier. ⟶ Château de la Belinaye : deux façades d'architectures différentes.
Christophe-des-Bois (Saint-), 620 h., c. (Ouest) de Vitré.
Cintré, 723 h., c. de Mordelles.
Clayes, 508 h., c. de Montfort.
Coësmes, 1,598 h., c. de Retiers.

Coglès, 1,282 h., c. de Saint-Brice.
Colombe (Sainte-), 504 h., c. de Retiers.
Comblessac, 851 h., c. de Maure.
Combourg, 5,558 h., ch.-l. de c. de l'arrond. de Saint-Malo. ⟶ Château (mon. hist. ¹) où s'est passée l'enfance de Chateaubriand et appartenant encore à sa famille; monument féodal des xiv⁰ et xv⁰ s., bâti sur une butte et flanqué de quatre grosses tours crénelées, à toits coniques dont la plus grosse remonte à 1016. M. Trilhe, architecte, le restaure.
Combourtillé, 612 h., c. (Sud) de Fougères.
Cornillé, 725 h., c. (Ouest) de Vitré.
Corps-Nuds, 1,948 h., c. de Janzé. ⟶ Église de 1571. — Chapelle des Trois-Maries plus ancienne, but d'un pèlerinage. — Château du Châtelier (1632); tours à mâchicoulis.
Coulomb (Saint-), 2,146 h., c. de Cancale. ⟶ Dans l'église, statues tombales. — Fort du Guesclin (1757). — Château de la Fosse-Hingant.
Couyère (La), 803 h., c. du Sel. ⟶ Château du Plessy.
Crouais (Le), 457 h., c. de Saint-Méen.
Cuguen, 1,911 h., c. de Combourg. ⟶ Monument celtique, en pierre brute, haut de 7 mèt.
Didier (Saint-), 871 h., c. de Châteaubourg. ⟶ Pèlerinage fréquenté de la Painière, sur l'emplacement de l'oratoire de saint Didier.
Dingé, 2,211 h., c. de Hédé.
Dol ou **Dol-de-Bretagne**, 4,443 h., ch.-l. de c. de l'arrond. de Saint-Malo, ancienne ville épiscopale, qui a conservé en grande partie sa physionomie du moyen âge. ⟶ L'ancienne *cathédrale* est un mon. hist. du xiii⁰ s. Le portail principal est flanqué de deux tours, dont la plus élevée (celle du S.), offrant le mélange de l'ogive et du plein cintre, est couronnée par une galerie du style flamboyant, et dont l'au-

---

¹ On appelle *monuments historiques* les édifices reconnus officiellement comme présentant de l'intérêt au point de vue de l'histoire de l'art, et susceptibles, pour cette raison, d'être subventionnés par l'État.

tre est inachevée (xv⁰ s.). Au centre de la croisée, troisième tour, à toit pyramidal. Le côté N. de l'église se relie à quelques restes de fortifications; le mur extérieur des chapelles du chœur est couronné d'un parapet crénelé, protégeant un chemin de ronde. L'intérieur de la cathédrale offre une régularité et des proportions heureuses. Quelques-unes des fenêtres ont conservé des restes de vitraux (XIII⁰ et XIV⁰ s.). Derrière le maître-autel (XVIII⁰ s.), crosse en bois sculpté et doré, qui supportait jadis la custode où était renfermé le saint-sacrement. Les stalles et l'ancien trône épiscopal, bien que mutilés, ont conservé des moulures du xv⁰ s. La *chapelle de Saint-Samson* (derrière le chœur), heureusement restaurée, a été décorée d'un autel en pierre, de verrières et de peintures polychromes dans le style du xvI⁰ s. On y remarque un réduit fermé d'une grille, où sont placés, pendant la messe, les aliénés amenés en pèlerinage à la chapelle. Dans le transsept (côté du N.), tombeau de l'évêque Thomas James et de ses deux frères, chanoines de Dol (xvI⁰ s.), par Jean Juste, dit Florentinus.— Ancienne *église de Notre-Dame-sous-Dol* (xI⁰ ou xII⁰, xIV⁰ et xv⁰ s.), servant de halle au blé. — Dans la *Grande-Rue*, nombreuses *maisons* (XIII⁰-xvI⁰ s.), précédées, au rez-de-chaussée, de porches profonds de 2 mèt. à 2 mèt. 50 c. — *Maison des Palais* ou *des Plaids* (façade romane). — Débris d'une *abbaye* du xI⁰ s. — Près de la Trésorerie se dressent les ruines d'une *tour* du xIV⁰ s. — Les *remparts* ont été transformés en promenades.

Domagné, 1,697 h., c. de Châteaubourg.

Domalain, 2,218 h., c. d'Argentré. ⟶ Église ogivale des xvI⁰ et xvII⁰ s.

Domineuc (Saint-), 1,579 h., c. de Tinténiac.

Domloup, 1,090 h., c. de Châteaugiron.

Dompierre-du-Chemin, 650 h., c. (Sud) de Fougères.

Dourdain, 950 h., c. de Liffré.

Drouges, 793 h., c. de la Guerche.

Éancé, 1,004 h., c. de la Guerche.

Énogat (Saint-), 2,972 h., c. de Pleurtuit. — Bains de mer à Dinard.

Épiniac, 2,267 h., c. de Dol. ⟶ Église en partie du xII⁰ s.; belles boiseries du xvII⁰ s.; bas-reliefs en bois peint et doré, du xvI⁰ s., représentant la Mort de la Vierge. — Manoir des Ormes.

Erblon (Saint-), 1,541 h., c. (Sud-Ouest) de Rennes. ⟶ Château.

Erbrée, 1,611 h., c. (Est) de Vitré. ⟶ Châteaux des Bretonnières et des Nétumières: ce dernier, sur la Vilaine, est une belle construction du xvI⁰ s., récemment restaurée.

Ercée-en-Lamée, 3,517 h., c. de Bain. ⟶ Débris, convertis en ferme, du vieux prieuré de Saint-Malo du Tillay. — Jolie église ogivale, moderne. — Vieux château abandonné d'Huguères. — Château de la Motte, reconstruit avec goût, près d'une motte féodale.

Ercé-près-Liffré, 1,613 h., c. de Liffré.

Essé, 1,402 h., c. de Retiers. ⟶ Roche-aux-Fées (mon. hist.), un des plus beaux dolmens de la Bretagne.

Étienne-en-Coglès (Saint-), 1,862 h., c. de Saint-Brice. ⟶ Église romane, flèche en pierre.

Étrelles, 1,488 h., c. d'Argentré. ⟶ Église du xvI⁰ s.

Feins, 1,061 h., c. de Saint-Aubin-d'Aubigné.

Ferré (Le), 1,497 h., c. de Louvigné-du-Désert.

Fleurigné, 996 h., c. (Nord) de Fougères. — Château de Bois-Février.

Fontenelle (La), 1,218 h., c. d'Antrain.

Forges, 604 h., c. de Retiers. ⟶ Église du xII⁰ s., augmentée en 1559 et 1606; clocher central roman.

Fougeray (Le) ou **Le Grand-Fougeray**, 6,370 h., ch.-l. de c. de l'arrond. de Redon. ⟶ Restes du château fort pris en 1354 par Du Guesclin: tour à créneaux bien conservée. — Dans le bois du Loray, ruines d'un autre château. — Nombreux manoirs des xv⁰, xvI⁰ et xvII⁰ s. — Dans l'église, en partie romane, cloche de 1477. — Croix du cimetière du xIII⁰ s.

Fougères, V. de 11,875 h., pitto-

Château de Combourg, d'après un dessin de M. Truhe, architecte.

resquement située sur une colline allongée dominant le Nançon, ch.-l. d'arrond. et de 2 c. ⟶ Restes des murailles d'enceinte (xv° s.), notamment la *porte Saint-Sulpice*, garnie de mâchicoulis. — Magnifiques ruines (mon. hist.) d'un *château* de 1173, continué au xiii° s., en partie reconstruit au xv° s.; belles tours. — *Église Saint-Léonard* (1404-1417), agrandie de nos jours, sur le point culminant de la ville; restes de vitraux.— *Église Saint-Sulpice* (nef et clocher de 1410 à 1490), hors de l'enceinte et au fond de la vallée. — *Hôtel de ville* avec porte du xvi° s.; tour du *beffroi* (xv° s.), surmontée d'une flèche octogonale. — Bel *hôpital Saint-Louis* (xviii° s.). — De la promenade de la *place aux Arbres*, de la *place* et du *cimetière Saint-Léonard*, magnifique panorama. — Dans la *forêt de Fougères*, souterrains refuges (xii° s.) appelés les *Celliers de Landéan*, et 2 *dolmens*.

Fresnais (**La**), 2,227 h., c. de Cancale. ⟶ Châteaux de la Ville-Brune et de la Grand'Cour des Saudrais.

Gaël, 2,522 h., c. de Saint-Méen. ⟶ Église en partie romane.

Gahard, 1,808 h., c. de Saint-Aubin-d'Aubigné.

Ganton (**Saint-**), 583 h., c. de Pipriac.

Gennes, 1,119 h., c. d'Argentré.

Georges-de-Chesné (**Saint-**), 790 h., c. de Saint-Aubin-du-Cormier.

Georges-de-Grehaigne (**Saint-**), 660 h., c. de Pleine-Fougères.

Georges-de-Reintembault (**St-**), 2,982 h., c. de Louvigné-du-Désert.

Germain-du-Pinel (**Saint-**), 822 h., c. d'Argentré.

Germain-en-Coglès (**Saint-**), 2,615 h., c. de Saint-Brice.

Germain-sur-Ille (**Saint-**), 597 h., c. de Saint-Aubin-d'Aubigné. ⟶ Château du Verger-au-Coq.

Gévezé, 2,012 h., c. (Nord-Est) de Rennes. ⟶ Château de Beauvais.

Gilles (**Saint-**), 1,560 h., c. de Mordelles.

Gondran (**Saint-**), 336 h., c. de Hédé. ⟶ Église ancienne; beaux vitraux du xvi° s., figurant la Passion; borne milliaire servant de support au bénitier.

Gonlay (**Saint-**), 605 h., c. de Montfort.

Gosné, 1,225 h., c. de Saint-Aubin-du-Cormier.

Gouesnière (**La**), 926 h., c. de Saint-Servan. ⟶ Château moderne de Bonnabon, dont l'origine remonte au xiii° s.; belle vue sur la baie de Cancale et sur les plaines de Châteauneuf.

Goven, 2,350 h., c. de Guichen. ⟶ Châteaux de la Hayrie, des Étangs, de Blossac, et manoir de la Feuillée.

Grégoire (**Saint-**), 1,506 h., c. (Nord-Est) de Rennes.

Guerche (**La**), 4,813 h., ch.-l. de c. de l'arrond. de Vitré. ⟶ Église du xiii° s. (chœur) et du xvi° s. (nef); dans le chœur, stalles de la Renaissance remarquablement sculptées. — Dans la chapelle d'une ancienne commanderie de Malte, dalles tumulaires dont une de 1352.

Guichen, 3,805 h., ch.-l. de c. de l'arrond. de Redon. ⟶ Châteaux de Gay-Lieu et de la Massais. — A Pont-Réan, église ogivale moderne.

Guignen, 3,044 h., c. de Guichen. ⟶ Église : chœur du xii° s.; quelques arcades à l'E. de la nef paraissent plus anciennes. Sous le chœur, crypte remplie jusqu'à mi-hauteur par l'eau d'une source qui ne tarit jamais. Au N. du chœur, tombeau avec statue de Jean de Saint-Amadour (1538).

Guinoux (**Saint-**), 795 h., c. de Châteauneuf.

Guipel, 1,016 h., c. de Hédé. ⟶ Manoir du Chesné, environné d'étangs. — Pierres levées, druidiques.

Guipry, 3,211 h., c. de Pipriac. ⟶ Ruines du Château-Blanc. — Beau pont sur la Vilaine.

Hédé, 916 h., ch.-l. de c. de l'arrond. de Rennes. ⟶ Ruines de l'ancienne forteresse sur un roc escarpé. — Église romane; tour carrée à flèche octogonale, qui s'aperçoit de très-loin et d'où l'on découvre, vers le N., un hémisphère parfait, s'étendant depuis le Mont-Saint-Michel jusqu'à Dinan; fonts baptismaux anciens, en granit.

Hermitage (**L'**), 621 h., c. de Mor-

Fougères.

delles. → Pèlerinage en l'honneur de saint Avit. — Dans l'église, en partie romane, avec portail latéral de 1627, pierres tombales des anciens seigneurs. — Dans l'une des chambres du château de Boberil, vieux bahut, en bois sculpté (les quatre Évangélistes), qui a, dit-on, servi à Henri IV. — Château du Margat.

Hilaire-des-Landes (Saint-), 1,586 h., c. de Saint-Brice.

Hirel-et-Vildé, 1,851 h., c. de Cancale.

Iffendic, 4,319 h., c. de Montfort. → Église du XVIᵉ s.; verrière de la même époque. — Château de la Chasse. — Menhir haut de 5 mètres.

Iffs ou **Ifs (Les)**, 419 h., c. de Bécherel. → Église gothique du XVᵉ s.; 9 splendides vitraux; clocher du XVᵉ s. — Sur une colline, hautes tours crénelées à toits pointus du château de Montmuran, partie moyen âge, partie moderne, dans la chapelle duquel du Guesclin fut fait chevalier en 1354.

Irodouer, 1,878 h., c. de Bécherel.

Izé, 2,324 h., c. (Ouest) de Vitré. → Château du Bois-Cornillé.

Jacques-de-la-Lande (Saint-), 997 h., c. (Sud-Ouest) de Rennes.

Janzé, 4,496 h., ch.-l. de c. de l'arrond. de Rennes.

Javené, 1,002 h., c. (Sud) de Fougères.

Jean-sur-Couesnon (Saint-), 1,296 h., c. de Saint-Aubin-du-Cormier. → Église romane. — Château de la Dobiais (XVIᵉ s.); beau portail.

Jean-sur-Vilaine (Saint-), 775 h., c. de Châteaubourg.

Jouan-des-Guérêts (Saint-), 1,185 h., c. de Saint-Servan.

Just (Saint-), 1,437 h., c. de Pipriac. → Monuments druidiques.

Laignelet, 1,114 h., c. (Nord) de Fougères.

Laillé, 1,925 h., c. de Guichen.

Lalleu-Saint-Jouin, 957 h., c. du Sel.

Landawran, 278 h., c. (Ouest) de Vitré.

Landéan, 1,368 h., c. (Nord) de Fougères. → Souterrains voûtés appelés Celliers de Landéan (mon. hist.), construits, dit-on, en 1173, par Raou de Fougères.

Landujan, 1,687 h., c. de Montauban.

Langan, 632 h., c. de Bécherel.

Langon, 1,925 h., c. de Redon. → Église : toute la partie E. est romane et se termine par deux absides; nef ogivale; traces de fresques. — Chapelle Sainte-Agathe (mon. hist.); courte nef terminée par une abside demi-circulaire et percée de 4 fenêtres à meurtrières; ce petit édifice est regardé comme un antique temple de Vénus; on y a découvert, en effet, sous une fresque grossière de l'époque romane, une peinture représentant une femme nue, coiffée à la romaine et sortant de la mer.

Langouet, 509 h., c. de Hédé.

Lanhélin, 572 h., c. de Combourg.

Lanouaye, 223 h., c. de Montfort. → Église; vitraux du XVIᵉ s. — Ancienne croix de granit, haute de 8 mètres, ornée de sculptures.

Lanrigan, 232 h., c. de Hédé.

Lassy, 738 h., c. de Guichen.

Lécousse, 963 h., c. (Sud) de Fougères.

Léger (Saint-), 473 h., c. de Combourg. → Pierre druidique dite Autel de saint Léger.

Lieuron, 733 h., c. de Pipriac.

Liffré, 3,050 h., ch.-l. de c. de l'arrond. de Rennes.

Lillemer, 413 h., c. de Châteauneuf.

Livré, 1,813 h., c. de Liffré.

Lohéac, 616 h., c. de Pipriac.

Longaulnay, 741 h., c. de Tinténiac.

Loroux (Le), 987 h., c. (Nord) de Fougères.

Lou-du-Lac (Le), 213 h., c. de Montauban.

Lourmais, 360 h., c. de Combourg.

Loutehel, 410 h., c. de Maure.

Louvigné-de-Bais, 1,458 h., c. de Châteaubourg.

Louvigné-du-Désert, 3,585 h., ch.-l. de c. de l'arrond. de Fougères. → Église du XVᵉ s.; clocher de 1702. — Château de Montboriu; dans la chapelle, pierres tumulaires du baron

Fougères, Raoul II, mort en 1194, et de Françoise de Foix. — Au rocher de Montlouvier, pierre branlante ; au rocher de Pierrelé, Chaise-au-Diable, monuments druidiques. — A Villavran, débris d'un château du xi° ou du xii° s. — Manoirs offrant des détails du xv° et du xvi° s.

Luitré, 1,680 h., c. (Nord) de Fougères.

Lunaire (Saint-), 1,106 h., c. de Pleurtuit. ⟶ Église des xi° et xv° s.; tombeau de saint Lunaire (xiii° ou xiv° s.); deux autres tombeaux à statues du xiii° s.

Malo (Saint-), V. de 10,295 h., ch.-l. d'arrond., siège d'un évêché, bâtie sur un rocher qu'entoure en partie l'Océan, à l'embouchure de la Rance. — *Bassin à flot* (6 mèt. 50 cent. à 7 mèt. 50 cent. de profondeur). Le *port* reçoit 9 mèt. d'eau, aux grandes marées. Les *quais* ont un développement de 1,860 mèt.

⟶ Cathédrale (mon. hist.) dont le carré central et la grande nef datent du xii° s.; le reste a été rebâti aux xiii° et xvii° s. Tour carrée, du xv° s., récemment couronnée d'une belle flèche en pierre. A l'intérieur de l'édifice, tombeau de l'évêque Josselin de Rohan (1388) et divers objets d'art. — L'*église Saint-Sauveur* (xvi° et xvii° s.) est attenante à l'*hôtel-Dieu*, fondé en 1252. — La ville est unie à la terre ferme par une digue longue de 200 mèt., appelée le *Sillon* et à l'extrémité de laquelle s'élève le château (mon. hist. du xv° s.), construction carrée, flanquée de quatre tours principales. — 4 *portes* et une poterne donnent accès dans la ville, dont l'entrée est défendue, en outre, par plusieurs *forts*, élevés sur des îlots (le Grand-Bey, le Petit-Bey, la Conchée, Harbourg et Cezembre). — La partie des *remparts* qui regarde la mer date du xvi° s., moins la portion comprise entre Notre-Dame et la poudrière (xiv° s.); le reste a été élevé en 1700, sur les plans de Vauban. — La *promenade* établie sur les remparts (2 kil. de tour) offre de magnifiques points de vue sur la mer. — Le rocher du *Grand-Bey* porte le *tombeau de Chateaubriand*, simple pierre sans inscription, avec croix (V. page 27) — L'hôtel de France occupe la *maison* où naquit l'illustre écrivain. — A l'*hôtel de ville*, petit *musée*, portraits des nombreux hommes célèbres nés à Saint-Malo, *bibliothèque publique*. — *Maison* où naquit Duguay-Trouin. — Bel *hôtel* du xvii° s., où naquit André des Isles. — *Maison* de la famille Lamennais. — Curieuses maisons des xvi° et xvii° s., à façades en bois sculpté. — Sur la place, *statue de Duguay-Trouin*, par Molchnecht. — *Casino*.

Malo-de-Phily (Saint-), 880 h., c. de Pipriac. ⟶ Chapelle du Mont-Serrat, but de pèlerinage.

Malon (Saint-), 976 h., c. de Saint-Méen.

Marc-le-Blanc (Saint-), 1,585 h., c. de Saint-Brice.

Marc-sur-Couesnon (Saint-), 817 h., c. de Saint-Aubin-du-Cormier. ⟶ Dans l'église, châsse en argent de la fin du xv° s.

Marcan (Saint-), 820 h., c. de Pleine-Fougères.

Marcillé-Raoul, 1,003 h., c. d'Antrain. ⟶ Église romane. — Près d'un étang, restes d'un château démoli en 1595.

Marcillé-Robert, 1,539 h., c. de Retiers. ⟶ Ruines d'un château démantelé en 1595.

Marie (Sainte-), 2,069 h., c. de Redon.

Marpiré, 518 h., c. (Ouest) de Vitré

Martigné-Ferchaud, 3,889 h., c. de Retiers. ⟶ Église ogivale moderne. — Sur le roc de Taillepied, restes d'un château.

Maugan (Saint-), 619 h., c. de Saint-Méen. ⟶ Châteaux de la Bassardenne et de Montoray.

Maure-de-Bretagne, 3,584 h., ch.-l. de c. de l'arrond. de Redon. ⟶ Châteaux de la Lardais, de Penhouet et du Bois-au-Voyer.

Maxent, 2,203 h., c. de Plélan. ⟶ Église fondée au ix° s.; parties romanes très-anciennes dans l'abside; le reste date du xvi° s., ainsi que l'ancienne abbaye.

Mecé, 994 h., c. (Ouest) de Vitré.

⋙→ Ruines du manoir de la Lézardière.

Médard-sur-Ille (Saint-), 1,143 h., c. de Saint-Aubin-d'Aubigné. ⋙→ Château du Bois-Geffroy, reconstruit au XVIIe s.

Médréac, 2,544 h., c. de Montauban.

Méen (Saint-), 2,608 h., ch.-l. de c. de l'arrond. de Montfort. ⋙→ L'abbaye, affectée à un petit séminaire, garde des traces remarquables des XIIe et XIIIe s. Église (nef principale démolie en 1771) : tour à baies ogivales de la fin du XIIe s., couronnée d'un dôme moderne; transsept (XIIIe s.) dont la fenêtre S. est ornée de vitraux; chœur dont une partie sert de nef et collatéral du XIVe s.; tombeaux, entre autres ceux de saint Méen (XIIIe ou XIVe s.), de l'abbé Robert de Coëtlogon (XVe s., statue couchée); plusieurs autres pierres tombales et des statues en granit sont

Porte Mordelaise, à Rennes.

mutilées et gisent hors de l'église, ainsi qu'une ancienne cuve baptismale et le tombeau primitif de saint Méen, cercueil de granit, en forme d'auge; sacristie charmante (chapelle du XIIe s.), reliquaire du XVe s. — Fontaine de Saint-Méen, pèlerinage.

Meillac, 2,360 h., c. de Combourg. ⋙→ Église reconstruite dans le style ogival; peintures polychromes.

Melaine (Saint-), 350 h., c. de Châteaubourg.

Mélesse, 2,645 h., c. de Saint-Aubin-d'Aubigné. ⋙→ Église en partie du XVe s.; porche en bois sculpté. — Château de Beaucé, du XVIIe s.

Mellé, 1,108 h., c. de Louvigné-du-Désert.

Méloir-des-Ondes (Saint-), 3,168 h., c. de Cancale.

Mernel, 757 h., c. de Maure.

Messac, 2,508 h., c. de Bain. ⋙→ Église; abside, façade et partie de la nef romanes; belle tour ogivale moderne. — Curieux débris du manoir de Chastra. — Manoirs du Harda, de Bœuvres (abandonné), de la Coëffrie (église du XII° s.; cavité d'origine inconnue dans le rocher devant l'église), de la Pommeraye. — Au-dessus de la Vilaine, ruines de l'ermitage de Messac. — Près de la Vilaine, 2 menhirs dont le plus haut a 3 mèt. 60 c. — Débris d'un cromlec'h et d'une allée couverte. — Beau château de la Mollière (XVIII° s.); vue superbe de la terrasse.

Mézière (La), 1,267 h., c. de Hédé. ⟹ Château des Losges. — Buttes et fossés d'origine inconnue.

Mézières, 1,646 h., c. de Saint-Aubin-du-Cormier.

M'Hervé (St-), 1,774 h., c. (Est) de Vitré.

M'Hervon (Saint-), 231 h., c. de Montauban.

Miniac-sous-Bécherel, 1,052 h., c. de Bécherel.

Miniac-Morvan, 3,226 h., c. de Châteauneuf. ⟹ Châteaux modernisés de Miniac, élégante construction du XVII° s., de Gouillon et de Launoy.

Minihic-sur-Rance, 1,398 h., c. de Pleurtuit.

Moigné, 580 h., c. de Mordelles.

Mont-Dol, 1,882 h., c. de Dol-de-Bretagne. ⟹ Église du XII° s.; curieuses peintures du XV° s., recouvrant des fresques du XIII° s. — Point de vue immense depuis le Mont-Saint-Michel jusqu'aux environs de Rennes.

Montauban, 3,035 h., ch.-l. de c. de l'arrond. de Montfort. ⟹ Vieux château à 1 kil., sur la lisière de la forêt; deux tours de l'enceinte et entrée principale flanquée de deux autres tours du commencement du XV° s. — Château du Plessis-Botherel.

Montault, 564 h., c. de Louvigné-du-Désert.

Montautour, 365 h., c. (Est) de Vitré.

Mondevert, 409 h., c. (Est) de Vitré.

Monterfil, 875 h., c. de Plélan.

Montfort-sur-Meu, 2,297 h., ch.-l. d'arrond. ⟹ Ruines des murailles (XV° s.); tour servant de prison. — Sur l'emplacement de l'ancien château a été construite l'église actuelle. — Les Ursulines occupent l'ancienne abbaye de Saint-Jacques, fondée au XII° s.; la chapelle a conservé des parties du XIV° s. — Ancien hôpital St-Lazare, transformé en ferme; dans la chapelle, curieuse tombe du XIV° s. — A l'E, débris d'anciens thermes, 2 bassins. — Sur la lisière de la forêt de Coulon, menhir renversé de 3 mèt. 53 c., dit le grès de Saint-Méen, ombragé par un hêtre magnifique.

Ancienne maison, à Rennes.

Montgermont, 439 h., c. (Nord-Est) d Rennes.

Montours, 1,460 h., c. de Saint-Brice.

Montreuil-des-Landes, 325 h., c. (Ouest) de Vitré.

Montreuil-le-Gast, 664 h., c. (Nord-Est) de Rennes.

Montreuil-sous-Pérouse, 653 h., c. (Ouest) de Vitré.

Montreuil-sur-Ille, 1,085 h., c. de Saint-Aubin-d'Aubigné.

Mordelles, 2,485 h., ch.-l. de c. de l'arr. de Rennes. ⟹ Châteaux d'Artois (dans une île du Meu), de la Sauldrais, de Beaumont et de la Ville-du-Bois.

Mouazé, 585 h., c. de Saint-Aubin-d'Aubigné.

Moulins, 1,152 h., c. de la Guerche. ⟶ Château de Monbouan.

Moussé, 244 h., c. de la Guerche.

Moutiers, 1,054 h., c. de la Guerche. ⟶ Église en partie du xve s.

Muel, 1,505 h., c. de Saint-Méen. ⟶ Manoirs de la Ville-Morfouasse et du Plessis-Guélier.

Noë-Blanche, 1,000 h., c. de Bain. ⟶ Aux Monts, maison très-curieuse.

Nouvoitou, 1,805 h., c. de Châteaugiron. ⟶ Église en partie du xve s.

Noyal-sous-Bazouges, 1,135 h., c. d'Antrain. ⟶ Menhir haut de 6 mèt. 50 c.

Noyal-sur-Seiche, 1,108 h., c. (Sud-Ouest) de Rennes. ⟶ Dans le cimetière, croix gothique sur un socle chargé de bas-reliefs frustes.

Noyal-sur-Vilaine, 2,593 h., c. de Châteaugiron.

Onen (Saint-), 1,254 h., c. de Saint-Méen.

Orgères, 1,178 h., c. (Sud-Ouest) de Rennes.

Ossé, 782 h., c. de Châteaubourg.

Ouen-des-Alleux (Saint-), 1,452 h., c. de Saint-Aubin-du-Cormier.

Ouen-la-Rouërie (Saint-), 1,933 h., c. d'Antrain. ⟶ Château de la Rouërie, sur l'emplacement d'une forteresse du xe s.

Pacé, 2,568 h., c. (Nord-Ouest) de Rennes. ⟶ Église du xve s. — Manoir de la Mandardière.

Paimpont, 3,544 h., c. de Plélan. ⟶ L'église, chapelle de l'ancienne abbaye (portail S. et rose du transsept S., du xiiie s.), appartient surtout au xve s.; autels ornés de riches sculptures en chêne (xviie s.). Le presbytère et l'école occupent les dépendances modernes délabrées d'une abbaye de chanoines réguliers du xiie s. — Débris de la chapelle (en partie du xiiie s.) et de la maison priorale du couvent de Tallouet.

Pancé, 1,571 h., c. de Bain. ⟶ Belle église ogivale moderne. — Sur une lande dominant le Semnon, camp romain de la Chapelle; sur le talus de ce camp, ancienne chapelle de Saint-Melaine. — Ruines imposantes (6 tours) du château de Frétay (xve s.). — Ruines du château de Plessis-Godard (tourelle du xve s.).

Paramé, 3,666 h., c. de Saint-Malo. ⟶ Beaux sites et nombreuses maisons de campagne.

Parcé, 913 h., c. (Sud) de Fougères. ⟶ Château de Mué.

Parigné, 1,256 h., c. (Nord) de Fougères. ⟶ Châteaux de la Villegoutier, du Bois-Guy. — Iles flottantes de la Lande-Morel, exploitables comme tourbières.

Parthenay, 414 h., c. (Nord-Ouest) de Rennes. ⟶ Dans l'église, vitraux du xvie s. — Château de la Cotardière.

Péran (Saint-), 360 h., c. de Plélan.

Père (Saint-), 1,835 h., c. de Châteauneuf. ⟶ Fort hexagonal, construit en 1777. — Parc de Châteauneuf.

Pern (Saint-), 1,552 h., c. de Bécherel. ⟶ Ruines du château de Ligonyer, près de l'étang où se tient la foire de ce nom, l'une des plus considérables du pays. — Beau château de la Tour-Saint-Joseph, devenu maison mère des Petites-Sœurs des Pauvres.

Pertre (Le), 1,890 h., c. d'Argentré.

Pierre-de-Plesguen (Saint-), 2,512 h., c. de Combourg.

Pipriac, 3,500 h., ch.-l. de c. de l'arrond. de Redon. ⟶ Château de Frosche.

Piré, 3,235 h., c. de Janzé. ⟶ Château moderne.

Pléchâtel, 2,757 h., c. de Bain. ⟶ Église : nef romane; beau calvaire sculpté du xve s. — Curieuses maisons, surtout celles des Portes-Morlaises, en partie romanes. — Châteaux du Plessis-Bardoul, de Mainteniac et de Trélan. — Motte féodale. — Restes d'un vieux monastère occupé par les sœurs de charité. — Vestiges du château fort du Coudray. — Auprès des ruines du château de Pairin, menhir de la Pierre-Longue, de 4 mèt. d'élévation. — Dans le cimetière, croix monolithe du xive s. (?), chargée de sculptures. — Rocher d'Uzel.

Pleine-Fougères, 3,024 h., ch.-l de c. de l'arrond. de Saint-Malo.

Plélan, 3,615 h., ch.-l. de c. de l'arrond. de Montfort. ➤ Croix de pierre sculptée de 1566.

Plerguer, 2,909 h., c. de Châteauneuf. ➤ Château de Beaufort.

Plesder, 956 h., c. de Tinténiac. ➤ Manoir de la Chênais, qu'habita Lamennais. — Bois, étangs et promenades de l'ancien château du Rouvre.

Pleugueneuc, 2,000 h., c. de Tinténiac. ➤ Château de Beaumanoir, dit de Biaunena.

Pleumeleuc, 1,317 h., c. de Montfort.

Pleurtuit, 5,258 h., ch.-l. de c. de l'arrond. de Saint-Malo. ➤ Château du Mont-Marin.

Pocé, 680 h., c. (Ouest) de Vitré.

Poilley, 902 h., c. de Louvigné-du-Désert.

Poligné, 1,568 h., c. de Bain. ➤ Vestiges de la chapelle en partie romane de N.-D. de Crévain. — Châteaux du Bois-Glaume et de la Cochetière.

Princé, 807 h., c. (Est) de Vitré.

Québriac, 1,531 h., c. de Hédé. ➤ Château moderne, sur l'emplacement d'un plus ancien. — A Saint-Méloir-des-Bois, colonne milliaire d'Avenus Tetricus.

Quédillac, 1,709 h., c. de Saint-Méen.

Redon, 6,446 h., ch.-l. d'arrond., situé en amont du confluent de la Vilaine et de l'Oust, au pied de la colline de Beaumont (belle vue). ➤ L'é

Chaire extérieure de N.-D. de Vitré.

glise abbatiale de Saint-Sauveur (mon. hist. des XIᵉ, XIIᵉ, XIIIᵉ et XVIIᵉ s.), séparée de sa tour en 1782, par un incendie, est surtout remarquable par son abside du XIIIᵉ s. La tour centrale date du XIIᵉ s.; la tour de l'O., du XIIIᵉ s., avec son élégante flèche en pierre, a 67 mèt. de haut. Dans une des chapelles du rond-point, tombeau souvent désigné comme celui de François Iᵉʳ, duc de Bretagne. Dans une autre, tombeau de l'abbé Jean de Guipry (1307); dans celle de l'Immaculée-Conception, tombeau de Raoul de Pontbriand (1428). Au N., les collatéraux du chœur sont flanqués extérieurement d'une chapelle fortifiée, du XVᵉ s., dite de *Notre-Dame de Bonne-Nouvelle* ou de *Bon-Secours*. — Les bâtiments et les cloîtres de l'*abbaye*, reconstruits au XVIIᵉ s., sont occupés par un collége d'Eudistes. — La terrasse est un des plus beaux restes des remparts (XIVᵉ s.). — Vieilles *maisons*. — *Bassin à flot*, accessible aux navires tirant 4 mèt. d'eau.

Rémy-du-Plein (Saint-), 870 h., c. d'Antrain.

Renac, 1,518 h., c. de Redon.

Rennes, V. de 57,177 h., ch.-l. du départ. d'Ille-et-Vilaine, ancienne capitale de la Bretagne, au confluent de l'Ille et de la Vilaine. La plus grande partie de la ville a été construite sur un plan régulier, après un terrible incendie qui la dévasta en 1720. — La *cathédrale Saint-Pierre* offre un portail commencé, avec les 2 tours (40 mèt. de haut.), en 1541, et achevé en 1700 ; le reste date de 1781-1844 ; à l'intérieur (belle colonnade), le chœur a été revêtu en 1870 de boiseries dorées ; au-dessus de l'autel, une *Cène*, œuvre de M. Le Hénaff, occupe toute la demi-coupole du chœur. — *Saint-Melaine*, ou *Notre-Dame*, construction romano-ogivale du XIe au XVIe s., avec restaurations et additions des siècles suivants. La tour, romane à sa base, continuée au XVIe s. et terminée en dôme en 1857, porte sur ce dôme

Château de Vitré.

une statue colossale de la Vierge. Tout près, *chapelle* moderne *des Missionnaires*. — L'ancienne *église du Vieux-Saint-Étienne* (nef du XVIe s., tour de 1741) sert de magasin d'artillerie. — *Église Saint-Aubin* (XVIIe s.; bon tableau). — *Bonne-Nouvelle*, église des Dominicains ou Jacobins (XIVe s.), devenue un magasin militaire. — *Saint-Germain* (XVe-XVIe s., sauf les chapelles S., refaites au XVIIe s.) renferme : une belle statue de sainte Anne, par Gourdel ; une statue de saint Roch, en plâtre, par Molchnecht, et un orgue supporté par des cariatides en bois. — *Toussaint*, ancienne chapelle du collége des Jésuites (1624-1657), offre un beau portail couronné par 2 petites

DICTIONNAIRE DES COMMUNES. 55

coupoles octogonales. — *Saint-Sauveur* (1728) possède : un maître-autel surmonté d'un baldaquin reposant sur 4 colonnes de marbre; une chaire et une grille, chefs-d'œuvre de serrurerie; une bonne copie de la *Transfiguration* par Raphaël, une *Mise au tombeau* du Guerchin, et un tableau commémoratif représentant la *Vierge et l'Enfant Jésus* préservant de l'incendie de 1720 le quartier des Lices. — *Saint-Étienne*, du XVII° s., ancienne chapelle du couvent des Augustins, possède : des statues en plâtre, de Barré, sculpteur rennais; un tableau de Jouvenet (le *Christ au jardin des Oliviers*); un *Christ en croix*, de Ferdinand. — *Abbaye de Saint-Georges* (XVII° s.), convertie en magasin d'artillerie. — On remarque, à l'intérieur du *palais de justice*, quadrilatère régulier, commencé en 1618 sur les dessins de Jacques Debrosse (4 statues devant la façade) et achevé par Cormeau (1654) :

Une des anciennes portes de Vitré.

la salle des Pas-Perdus (porte d'entrée ornée de boiseries et d'un bas-relief); la grand'chambre, peinte par Coypel; la 1re Chambre, richement décorée par Jouvenet, qui a peint les plafonds et le Christ admirable qui orne le fond; la 2° Chambre, de Ferdinand; la 5° Chambre (jolies peintures par Gosse); la 6° Chambre (belles peintures de M. Jobbé-Duval); la Cour d'assises (sculptures sur bois du plus grand style). — L'*hôtel de ville*, bâti au XVIII° s. par Gabriel, se compose de 2 pavillons reliés par un corps de bâtiment en arc de cercle, que domine un campanile à dôme. Il renferme la *bibliothèque publique* (50,000 vol.). Dans la partie S., se voient un riche péristyle orné de hautes colonnes de marbre rouge et un bel escalier conduisant à la *salle des concerts*. — Le *théâtre* (1835) présente une façade en demi-rotonde, qui porte les statues d'Apollon et des Muses. — Le *palais universitaire* (1849-1855), près duquel se trouve le *lycée*, renferme, outre les collections de minéralogie, d'archéologie et de numismatique, un important musée de tableaux, de sculptures, d'antiquités et d'histoire naturelle. — Vaste *lycée*. — *Porte Mordelaise* (xv° s.), arcade fortifiée avec deux tours, par laquelle les ducs de Bretagne faisaient leur entrée solennelle à Rennes, notamment la veille de leur couronnement. — *Bel arsenal.* — *Hôtel-Dieu*, récemment construit. — *Hôpital militaire*. — *Maisons du xv° et du xvi° s.*, dans les quartiers qui ont échappé à l'incendie de 1720. — Magnifiques *promenades publiques*.

Retiers, 3,094 h., ch.-l. de c. de l'arrond. de Vitré.

Rheu (Le), 979 h., c. de Mordelles. ⟶ Châteaux de la Freslonnière et de la Verrière.

Rimoux, 913 h., c. d'Antrain.

Romagné, 1,600 h., c. (Sud) de Fougères. ⟶ Église des xv° et xvi° s.; belles gargouilles; 3 curieux bas-reliefs en albâtre, du xiii° s.

Romazy, 562 h., c. de Saint-Aubin-d'Aubigné.

Romillé, 2,350 h., c. de Bécherel.

Roz-Landrieux, 1,707 h., c. de Dol.

Roz-sur-Couesnon, 1,769 h., c. de Pleine-Fougères.

Sains, 829 h., c. de Pleine-Fougères. ⟶ Château de Langevinière.

Saulnières, 580 h., c. du Sel.

Sauveur-des-Landes (Saint-), 1,202 h., c. (Sud) de Fougères.

Séglin (Saint-), 751 h., c. de Maure. ⟶ Château de la Sauvagère.

Sel (Le), 688 h., ch.-l. de c. de l'arrond. de Redon. ⟶ Église ogivale, moderne. — Chapelle de la Rue. — Motte du Chalonge (84 mèt. de tour au sommet, 132 mèt. à la base), couverte d'arbres et entourée d'un fossé à moitié comblé. — Châteaux des Monts et de la Fillochaye. — Deux menhirs, l'un de 2 mèt. 50 cent., l'autre de près de 3 mèt. de hauteur.

Selle-en-Coglès (La), 825 h., c. de Saint-Brice.

Selle-en-Luitré (La), 491 h., c. (Nord) de Fougères.

Selle-Guerchaise (La), 296 h., c. de la Guerche.

Senoux (Saint-), 1,011 h., c. de Guichen. ⟶ Château de la Molière; bonnes peintures.

Sens-de-Bretagne, 2,161 h., c. de Saint-Aubin-d'Aubigné. ⟶ Château de Boucsnay (xvi° s.); sculptures délicates; élégante tourelle.

Servan (Saint-), 12,281 h., ch.-l. de c. de l'arrond. de Saint-Malo, sur la rive dr. de la Rance, près de son embouchure (belle situation; sites charmants), habité par un grand nombre de familles anglaises. — Le *port*, séparé de celui de Saint-Malo par une grève qui assèche à marée basse, peut recevoir des navires de haut bord. ⟶ *Église paroissiale* (1742-1844), offrant une tour de 40 mèt. (3 étages superposés, d'ordre dorique), couronnée par un dôme. — Chevet de l'église romane ou *chapelle Saint-Pierre*, autrefois cathédrale d'Aleth. — *Puits* dit *des Sarrasins.* — *Tour de Solidor* (20 mètres de hauteur), composée de 3 tours du xv° s. (mon. hist.) reliées ensemble. — *Hôpital du Rosais* (1712). — De nombreux *châteaux* ou *villas* sont disséminés sur les bords de la Rance.

Servon, 1,378 h., c. de Châteaugiron. ⟶ Sur la Vilaine, vieux château du Gué.

Sixt, 2,141 h., c. de Pipriac. ⟶ Des tombelles couvrent la lande du moulin de Pommery.

Sougéal, 1,244 h., c. de Pleine-Fougères.

Suliac (Saint-), 975 h., c. de Châteauneuf. ⟶ Deux monuments druidiques, l'un dit Dent de Gargantua. — Église intéressante du xiii° s., en forme de croix latine; statues au portail; flèche en pierre.

Sulpice-des-Landes (Saint-), 831 h., c. de Fougeray. ⟶ Château de la Roche-Giffard.

Sulpice-la-Forêt (Saint-), 420 h., c. de Liffré.

Symphorien (Saint-), 588 h., c. de Hédé. ⟶ Église en partie ogivale; vitraux coloriés. — Beaux points de vue de la chaîne de collines dite l'Échine de la Bretagne, sur laquelle le bourg est bâti et qui sépare le bassin de l'Ille de celui de la Rance.

Taillis (Le), 746 h., c. (Ouest) de Vitré.

Talensac, 1,477 h., c. de Montfort. — Châteaux modernes de Bintin, de la Bédolière et du Houx.

Theil (Le), 1,421 h., c. de Retiers. ⟶ Châteaux de la Rigaudière et du Bois-Rouvray, près d'un étang. — A l'entrée de la forêt, mottes considérables et douves de l'ancien château de la Motte. — Dans la forêt, près de la Bûcherie, motte féodale et menhir. — Blocs de schiste, débris d'un alignement celtique.

Thorigné, 546 h., c. (Nord-Est) de Rennes. ⟶ Ruines du château de Tizé, converti en ferme; bel escalier de la Renaissance.

Thourie, 1,349 h., c. de Retiers.

Thual (St-), 1,005 h., c. de Tinténiac. ⟶ Châteaux de Saint-Thual, de Tourdelin, de Lesnon, du Petit-Bois.

Thurial (St-), 1,015 h., c. de Plélan. ⟶ Château des Lengrais.

Tiercent (Le), 371 h., c. de Saint-Brice.

Tinténiac, 2,177 h., ch.-l. de c. de l'arrond. de Saint-Malo. ⟶ Dans l'église, parties du XIIIe s.; bénitier du XIVe s.

Torcé, 731 h., c. d'Argentré. ⟶ Restes d'une motte féodale. — Ruines informes du château de Saute-Court.

Trans, 1,562 h., c. de Pleine-Fougères.

Treffendel, 920 h., c. de Plélan.

Tremblay, 2,626 h., c. d'Antrain. ⟶ Belle église des XIe et XIIe s.

Tréméheuc, 472 h., c. de Combourg.

Tresbœuf, 1,572 h., c. du Sel. ⟶ Château de la Rivière-Garnault.

Tressé, 433 h., c. de Combourg.

Trévérien, 987 h., c. de Tinténiac. ⟶ Château de la Fosse-aux-Loups.

Trimer, 314 h., c. de Tinténiac.

Uniac (Saint-), 449 h., c. de Montauban. ⟶ Beaux vitraux dans l'église.

Vandel, 495 h., c. de Saint-Aubin-du-Cormier. ⟶ Un chemin offre une telle quantité de tombeaux, qu'il en a reçu le nom de Chemin des Tombeaux. — Ancienne église souvent restaurée. — Vieux château bien conservé du Moulin-Blot ou Bleau.

Vénèfles, 332 h., c. de Châteaugiron. ⟶ Château du Plessis-d'Osé.

Vergéal, 727 h., c. d'Argentré. ⟶ Château de Préamenau. — Ruines du château de Houzilié.

Verger (Le), 519 h., c. de Montfort. ⟶ Château de Bonnais.

Tour et rempart, à Vitré.

Vern, 1,523 h., c. (Sud-Est) de Rennes. ⟶ Châteaux du Plessis-de-Vern, de Mouillemuse et de Peillac.

Vezin, 607 h., c. (Sud-Est) de Rennes. — Château de Montigné.

Vieuxviel, 808 h., c. de Pleine-Fougères.

Vieuxvy-sur-Couesnon, 1,592 h., c. de Saint-Aubin-d'Aubigné. ⟶ Restes d'un camp romain qui défendait le Couesnon.

Vignoc, 988 h., c. de Hédé. ⟶ Château moderne de la Villouyère.

Villamée, 623 h., c. de Louvigné-du-Désert.

Ville-ès-Nonais (La), 915 h., c. de Châteauneuf.

Visseiche, 1,371 h., c. de la Guerche. ➨ Débris romains occupant peut-être l'emplacement de l'antique *Scipia*. — Église du XIᵉ s., restaurée au XVIIᵉ s. et en 1828. — Mottes féodales. — Château de Longlée.

Vitré, 9,870 h., sur la Vilaine, ch.-l. d'arrond. et de 2 c. ➨ *Tours* de l'enceinte fortifiée. — *Église Notre-Dame* (nef du XVᵉ s., chœur en partie du XIIᵉ), offrant, entre autres détails curieux, une chaire extérieure du XVIᵉ s., enclavée dans le mur S.; tour haute de 62 mèt. (flèche moderne); curieux objets d'art. — *Église Saint-Martin*, moderne (style roman). — *Église de l'hôpital* (XVᵉ s.; remarquable tombeau d'un chanoine). — *Château* (XIVᵉ et XVᵉ s.), mon. hist. flanqué de belles tours et où l'on remarque, en outre, une espèce de tourelle à pans (Renaissance) d'une ornementation admirable. — Ancien couvent des Bénédictins, occupé par le *tribunal*, la *mairie* et la *sous-préfecture*. — *Maisons* anciennes et curieuses. — Villa de *la Baratière*. — Promenades du *Val* et du *Parc*.

Vivier (Le), 972 h., c. de Dol.

19485 — Typographie Lahure, rue de Fleurus, 9, à Paris.

ILLE-ET-VILAINE

LIBRAIRIE HACHETTE ET Cie

A PARIS, BOULEVARD SAINT-GERMAIN, 79

NOUVELLE COLLECTION DE GÉOGRAPHIES DÉPARTEMENTALES

PAR AD. JOANNE

FORMAT IN-12 CARTONNÉ

Prix de chaque volume. . . . . 1 fr.

(*Octobre 1877*)

37 départements sont en vente

EN VENTE

Ain.	11 gravures,	1 carte.	Jura	12 gravures,	1 carte.
Aisne.	19	—	1 —	Landes.	16	—	1 —
Allier.	27	—	1 —	Loire.	11	—	1 —
Aube.	14	—	1 —	Loire-Inférieure.	20	—	1 —
Basses-Alpes.	11	—	1 —	Loiret.	22	—	1 —
Bouch.-du-Rhône	27	—	1 —	Maine-et-Loire.	24	—	1 —
Cantal.	14	—	1 —	Meurthe.	31	—	1 —
Charente.	28	—	1 —	Nord.	20	—	1 —
Charente-Infér.	14	—	1 —	Oise.	10	—	1 —
Corrèze.	11	—	1 —	Pas-de-Calais.	16	—	1 —
Côte-d'Or.	29	—	1 —	Puy-de-Dôme.	16	—	1 —
Deux-Sèvres.	14	—	1 —	Rhône.	16	—	1 —
Dordogne.	14	—	1 —	Saône-et-Loire.	25	—	1 —
Gironde.	15	—	1 —	Seine-et-Oise.	25	—	1 —
Haute-Saône.	12	—	1 —	Seine-Inférieure.	20	—	1 —
Haute-Vienne.	10	—	1 —	Somme.	12	—	1 —
Indre-et-Loire.	40	—	1 —	Vienne.	15	—	1 —
Ille-et-Vilaine.	14	—	1 —	Vosges.	17	—	1 —
Isère.	10	—	1 —			

EN PRÉPARATION

Côtes-du-Nord — Doubs — Finistère — Loir-et-Cher
Morbihan — Seine-et-Marne

ATLAS DE LA FRANCE

CONTENANT 95 CARTES

(1 carte générale de la France, 89 cartes départementales, 1 carte de l'Algérie et 4 cartes des Colonies)

TIRÉES EN 4 COULEURS ET 94 NOTICES GÉOGRAPHIQUES ET STATISTIQUES

1 beau volume in-folio, cartonné : 40 fr.
Chaque carte se vend séparément. . . . . 50 c.

TYPOGRAPHIE LAHURE, RUE DE FLEURUS, 9, A PARIS.

www.ingramcontent.com/pod-product-compliance
Lightning Source LLC
LaVergne TN
LVHW022126080426
835511LV00007B/1047